● 心輔叢書

轉角遇到幸福
寫給單親爸媽

鄧衫、周茜 主編

即便家庭暫時不完整，
愛卻可以期許一份圓滿。
愛從來就沒有消逝，
它近在身邊，
它就在轉角那一邊，
幸福，留給有準備的你。

崧燁文化

轉角遇到幸福：寫給單親爸媽

目錄

目錄

上篇 告別昨天

第一章 孩子在這裡，你去哪裡了 —— 5
  一 從此以後，我像一棵野草 —— 6
  二 媽媽，你不要我們了嗎 —— 10
  三 黑黑的夜晚，我好害怕 —— 14
  四 我是小小拖油瓶嗎 —— 18
  五 變個壞孩子讓你看 —— 23

第二章 放下恩怨跟過去告別 —— 28
  一 噩夢醒來是清晨 —— 28
  二 放下吧，那些恩恩怨怨 —— 32
  三 感謝曾經的她 —— 36
  四 哭夠了笑一笑，沒什麼大不了 —— 41
  五 不一樣的精彩 —— 45

第三章 傷痛會過去親情不會改 —— 49
  一 你永遠是我們最愛的寶貝 —— 50
  二 孩子，這不是你的錯 —— 54
  三 說出來吧，我在聽 —— 58
  四 過來，靠著我的肩膀 —— 62
  五 我們一定可以的 —— 65

第四章 單親不缺愛 —— 70
  一 看！我們美麗的新家 —— 71
  二 我們家的貓咪 —— 74
  三 一起去看海 —— 77
  四 哇，我們做到了！ —— 79
  五 可以上鎖的日記本 —— 82

第五章 小小驚喜滿滿的愛 —— 85

轉角遇到幸福：寫給單親爸媽
目錄

　　一　夜空下的螢火蟲 85
　　二　這是男子漢的事情 89
　　三　清晨的一碗小麵 92
　　四　嗨，夥伴！ 95
　　五　爸爸是你的大樹 97
　第六章　要陽光也要雨露 99
　　一　我也想牽爸爸溫暖的手 100
　　二　爸爸，我不喜歡你說媽媽的壞話 104
　　三　夾在中間的我 106
　　四　你們一起來參加畢業典禮吧 109
　　五　我不是真的不想理你 111

下篇　開啟未來

　第七章　看啦，漸漸露出笑容的臉 115
　　一　不要為打翻的牛奶哭泣 116
　　二　臭脾氣，我們一起改 120
　　三　孩子，你真的很重要 124
　　四　相信愛，學會愛 127
　　五　彩虹的約定 131
　第八章　經歷風雨幸福綻放 134
　　一　下雨了，來接我吧 136
　　二　等我長大了 140
　　三　今天是你的生日 144
　　四　媽，這是我的好朋友 149
　　五　今晚我住在青年旅社 153

尾聲

後記

上篇 告別昨天

一次別離，一個完整的家瞬間崩裂。無論是生離還是死別，那份無助的孤單和憤怒都將久久地遮蓋孩子的天空。面對別離，孩子在哭泣：「媽媽，你不要我們了嗎？」巨大的疑問，化為自怨自艾。孩子相信：「從此以後，我像一棵野草，再沒有父母的呵護與疼惜。」外面的世界黯淡無光，布滿荊棘。孩子也許會退縮，也許會反抗，但無論如何，他們都在用不同的方式吶喊，渴望回到從前。

面對離別，父母也好不到哪裡去。過去的溫暖愈加凸顯出今天的寒冷，夢境中或許還殘留著臨別時的恩恩怨怨。也許會哭吧，在無人的夜晚。該如何跟昨天告別？要不要與孩子好好談一談？

隨著時光流逝，你會發現，那份心痛在慢慢消散，而透過淚眼你看見了孩子，你知道是時候告別昨天了。

第一章 孩子在這裡，你去哪裡了

我們滿懷美好憧憬走進婚姻，並有了愛的結晶。原以為愛得到延續，從此有了歸宿有了依靠，不曾想他（她）卻離開了。可遭遇了家庭破碎的孩子，仍然在這裡迷茫著、恐懼著、懷疑著，也無助地期待著。期待著家庭變故後親情依舊；期待著至親的爸爸（媽媽）還能像以前一樣愛著自己，關心自己；期待著遭遇橫禍失去至親的一方後，還有一方能堅強地守護自己的安全和幸福……他（她）也像其他同齡的孩子一樣希望能在父母懷裡撒嬌，希望自己的任性能被父母包容，失意時能有父母的鼓勵，成功時能得到父母的肯定和讚揚。

單親只是一種形式，血緣卻不拘泥於任何形式真實地存在著。不要將離異的不滿情緒遷怒於孩子，不要拒絕另一方給予愛的機會，也不要無情地剝奪孩子享受雙親之愛的權利。無論你在哪裡，請關心那顆小小的受傷心靈，請將「愛」用心傳遞給孩子。你會發現：因為愛，距離沒有讓你們疏遠；因

轉角遇到幸福：寫給單親爸媽

上篇 告別昨天

為愛，你們依然心心相通；因為愛，單親的孩子不再孤單、恐懼、無助、迷茫；因為愛的陪伴，他們一樣沐浴在陽光裡健康快樂成長！

一 從此以後，我像一棵野草

心語故事

楊洋是海老師兒子小仲的朋友，現在上國中二年級，父母離婚後楊洋跟爸爸一起生活。楊洋爸爸和海老師住同一小區，彼此認識卻從無深交，只是偶爾見面會打個招呼。

一天，小仲對媽媽說：「楊洋就像一棵草，任憑風吹雨打都沒有人保護。」海老師吃驚地問：「為什麼這樣說呢？」兒子說：「楊洋說他媽媽不要他也不管他，爸爸要他，可是整天在外面，也沒時間管他，所以他是一棵無人問津的小草。他說著還流淚了呢！」

海老師聽了，心情頓感沉重：十三歲的孩子承受著不堪之重，該多麼無助啊！於是，熱心腸的她以孩子們的友誼為紐帶，約楊洋爸爸見了面。

楊洋爸爸說，之前由於楊洋媽媽任性又喜歡打麻將，工作之外無暇顧家，對楊洋疏於照顧，自己又經常出差，夫妻二人抱怨彼此對孩子、對家庭照顧太少並產生矛盾。後來矛盾逐漸升級，最終導致在楊洋七歲時他們協議離婚。

鑑於楊洋媽媽的「特殊的愛好」，沒有時間照顧好孩子，楊洋爸爸主動提出孩子由他撫養，楊洋媽媽也樂得清閒灑脫。但由於楊洋爸爸忙於工作，能在家照顧孩子的時間也很少，因此，楊洋更多的時間是獨自在家。楊洋是個很懂事，很會察言觀色的孩子。離婚後，楊洋媽媽偶爾來樓下看孩子，但楊洋知道爸爸不喜歡自己與媽媽有更多親密接觸，所以，他也刻意疏遠媽媽。

楊洋自理能力較強，爸爸也就放心地讓他一個人在家。一天晚上，獨自在家的楊洋聽到敲門聲後開門，卻遭遇了綁架，掙扎中楊洋的手臂被劃破。所幸的是，爸爸很快趕到，沒造成更大的傷害。後來才知道施暴者是跟爸爸在工作中有經濟糾紛的人。雖然在綁架過程中楊洋只受了皮外傷，但小小的

他心靈受到極大傷害，自那以後他開始變得沉默寡言，尤其害怕晚上獨自在家。

楊洋爸爸說著，淚水在眼眶裡打轉，他說自己很心疼孩子，又不知道能求助誰來改變孩子的境況。

原來如此

透過與楊洋爸爸的溝通，海老師了解到，原來離婚並沒有解決離婚前家庭本身就存在的問題。離婚後他們選擇了離異夫妻最不可取的敵對型和絕交型關係，把相互間的敵對情緒直接強加在孩子身上，導致孩子只能被禁錮在有法定撫養權的一方。這使得離異後的孩子依然處在無人照顧的生活環境中，甚至比以前更糟糕。楊洋爸爸對前妻的敵對態度，逐漸影響到楊洋，讓楊洋對媽媽的認識和看法變為：「媽媽是個不負責任的人，有不良嗜好；媽媽缺乏母愛，置自己的孩子於不顧，貪圖享樂；我不喜歡這樣的媽媽，我和爸爸相依為命。」

通常，離異家庭的孩子會變得性情孤僻、情緒低落、憂鬱寡歡、自卑膽怯，也有的孩子變得粗暴、冷漠、煩躁、敵視，甚至有的孩子由於父母的離異而走向墮落。但例外的是，也有少數孩子在父母離異後會變得更加懂事、自立、追求上進，這是孩子對新生活的另一種適應方式。著名心理學家皮亞傑認為，「適應」的本質是機體與環境的平衡。適應的形式有兩種：同化和順應。同化就是個體把環境因素納入自己已有的圖式或結構中，以加強和豐富主體的動作；而順應就是主體改變行為動作、思維以適應客觀環境的變化。故事中的楊洋就是主動改變自己來適應生活環境變化的特例。

楊洋爸爸多次強調：「楊洋經常說要我放心，自己在家沒問題；楊洋是個很懂事的孩子，善解人意又會察言觀色。」

從心理學的角度來說，楊洋處在那樣的環境還能反過來寬慰父親，是一種本能的「討好」，反映出孩子對生活現狀的擔憂：「媽媽不要我，我要表現好，不然爸爸也會不要我了。」善解人意、察言觀色、生活自理等行為都屬於「適應」環境的行為範疇。楊洋這個年齡本該在爸爸媽媽懷裡任性、撒

嬌，之所以具備以上種種超於同齡人的優點和能力，完全可以理解為他在改變自己以適應客觀環境的變化。

孩子失去一個完整幸福的家，責任不在孩子。但當孩子在努力讓自己變得更堅強、更懂事以取悅父母時，做父母的不能漠視甚至利用孩子的「妥協式」成長。當孩子在缺少父母親情的環境中，其「優秀表現」長期被漠視，安全感喪失，迷茫、絕望、挫敗感就會油然而生。如不能及時排解這些情緒，將很有可能使孩子走向「乖孩子」表現的反面極端。

溝通祕笈

楊洋爸爸說：「我也希望孩子每天開開心心，能夠享受同齡人一樣無憂無慮的幸福快樂呀！可是我該怎麼辦呢？」

海老師真心希望有著同樣困惑的單親爸媽們能做到以下幾點。

（1）離異後雙方切忌透過自己的不良言行塑造孩子心目中父母另一方的形象。在孩子心目中父母是同等神聖的，且任何一方都是不可或缺的，父母不能詆毀或汙蔑另一方。父母對彼此人格形象的評價直接影響著她（他）在孩子心目中的形象定格。父母的各種不良品格，無形中影響著孩子的自信心和人格魅力的培養，一定程度上也會滋長孩子的孤獨感。

（2）如果你是監護方，請努力做最好的自己。你是離異父母中與孩子相處時間最多的一方，你果敢、堅強、豁達、細心等所有行為品質共同構築著孩子成長的幸福港灣，你充滿正能量的言行就是孩子的行為標尺。與孩子一起娛樂、鍛鍊，甚至無聲地陪伴在孩子左右，給孩子「無論發生什麼，我就在你身邊」的安全感，孩子才能時刻感受到你的關愛。

（3）了解需要溝通，溝通需要時間，只有花時間走進孩子心裡，才能真正了解孩子的真實心理。單親家庭中像楊洋一樣表現得「乖巧懂事」的孩子，作為父母更需要了解形成孩子行為表現的內在原因，更需要解讀這種內因是否符合正常的成長軌跡，是否有利於孩子身心健康成長。當孩子的「乖巧懂事」壓抑了孩子個性發展時，監護方就肩負引導的職責，你的及時介入，對於孩子而言正如泥濘路上及時伸過來的臂膀，安全和可依靠感不言而喻。

（4）稍微懂事的孩子當被問及「是喜歡爸爸還是更喜歡媽媽」時，會回答：「都喜歡。」在孩子心目中，父母的地位是無可替代的，任何一方的缺席，都會將完美的情感依靠劃個豁口。隨著年齡的增長，絕大多數孩子會刻意維護父母在別人心目中的美好形象，他們希望與同齡人的父母相比，自己的父母更受人尊重。所以，請打開孩子走向另一方生活和心靈的通道，在那裡，孩子將不僅獲知另一方的真實形象，同時也將收穫另一份安全和依靠。

可以更好

　　給了楊洋爸爸建議後，為了鼓勵和堅定他的信心，海老師講了熟識的吳先生的故事。

　　四十二歲的吳先生有一個十五歲的兒子，離婚八年來他一直自己帶著兒子。用他的話說：「其間酸甜苦辣都嚐盡了啊！」吳先生原本很樂觀，但剛跟妻子離婚時，怎麼也轉不過那個彎，一根筋地認為問題都在對方，恨不得這輩子都不再相見。

　　起初，孩子媽媽來看孩子或約孩子見面，吳先生很排斥。但看到孩子因為自己的不悅而悶悶不樂時，吳先生就讓步了。有時候，孩子喜歡去母親那邊住兩天，而且每次與母親見面後，心情似乎會特別明朗，與吳先生的話也特別多。看到孩子的這些表現，吳先生說自己就認了，畢竟兒子是自己的，兒子快樂自己就開心。

　　吳先生很珍惜跟兒子在一起的時光，跟兒子在一起總覺得自己年輕了十幾歲。這兩年，兒子變得成熟了，有個性了，有時候喜歡拍著他的肩膀叫「老哥」，他也樂意兒子這麼稱呼他。有事沒事，兒子總愛斜眼打量他，嘴裡直嘟噥：「大哥，怎麼看你條件也不錯啊，怎麼至今沒有一個女生喜歡你哦！」吳先生說兒子籃球打得不錯，幾天前學校裡有一場籃球賽，他特意請了個假為兒子「加油」去。混跡在一群熱情奔放的年輕身影裡，吳先生剛開始還真覺得彆扭。不過隨後他心中的激情被小夥子們點燃了，跟著他們一起歡呼，一起加油……

吳先生說，現在兒子也慢慢長大了，有自己的是非辨別能力，平常與母親相處得不錯。吳先生準備利用假期，備些禮物，讓兒子獨自去看望他的外婆、舅舅。吳先生笑著說：「血緣是割不斷的。」他認為孩子只有學會享受愛，才能學會愛別人。

滴海藏箴

1. 夫尺有所短，寸有所長；物有所不足，智有所不明。

——屈原

2. 世界上的一切光榮和驕傲，都來自母親。

——高爾基

3. 成功的時候，誰都是朋友。但只有母親——她是失敗時的伴侶。

——鄭振鐸

4. 寬容就像天上的細雨滋潤著大地。它賜福於寬容的人，也賜福於被寬容的人。

——莎士比亞

二 媽媽，你不要我們了嗎

心語故事

一天，海老師上完課回家，打開新浪網新聞中心，看到一位單親爸爸的故事：

女兒小小三歲時，她媽媽就去紐約讀博士了。去了不到半年，給我寄來一張離婚協議書。我抱著小小，感到塌了半邊天的無助。經過好多天的痛苦掙扎，最終，我還是選擇在協議書上簽字。當時我想，即便告訴孩子爸爸媽媽已經離婚了，她也不明白離婚究竟是怎麼回事，所以我選擇暫時不告訴小小我們離婚的事。

小小媽媽走後，上班、帶孩子、打理家務成了我生活的全部。我學會了給小小紮頭髮，做她喜歡的飯菜，為她搭配衣服等，但我很少跟孩子講她媽媽的事。小小問我：「媽媽什麼時候回來？」我都會搪塞過去，心想：等孩子大點了，我再客觀地告訴孩子實情吧！但小小五歲那年，老師打電話說小小在幼兒園打架了，讓我去一趟。掛斷老師的電話後我匆匆趕到老師辦公室，看見小小早上梳好的頭髮凌亂不堪，臉也被抓破了。見到我，小小沒有吭聲，眼淚卻滾滾而下。向對方家長道過歉後，我問她：「為什麼打架？」小小泣不成聲，斷斷續續地說：「小朋友說我沒有媽媽，我告訴他們媽媽在美國。但是他們說從來沒見媽媽來接我，說我騙人，還說媽媽早都不要我們了。所以我就和小朋友打了起來。」

　　回家的路上，小小怯怯地問我：「爸爸，媽媽真的不要我們了嗎？」當時，我只能緊緊地抱著孩子，那種心痛讓我無法言語。

原來如此

　　看了爸爸和小小的故事，我們很清楚，原本想保護女兒的爸爸，犯了一個很多離異父母都會有的錯誤——不告訴孩子的實情，導致孩子受到額外傷害。

　　首先，父母離婚不一定會對孩子造成傷害。如果夫妻感情已走到盡頭，兩人在孩子面前整天打鬧、互相指責的話，即便不離婚，孩子也一樣沒有安全感。相反，即便父母離婚了，卻仍然保持互相尊重，並一如既往地關愛孩子，孩子照樣會健康快樂地成長。處理得當，你會發現單親並不是孩子成長的最大問題。

　　其次，對於孩子來說，父母離婚，最大的情感威脅是安全感的缺失和分離的痛苦。安全感來自「了解和已知」，不安全感和恐懼來自對未來的「未知和不可預測」；當我們對未來不確定時，恐懼就會縈繞在生活中。如果一個孩子知道父母及所有親人，無論何時都會一如既往地愛自己，親人們隨時都會像以前一樣向自己伸出援助之手，孩子的生活就不會缺失安全感。失去

轉角遇到幸福：寫給單親爸媽
上篇　告別昨天

監護權的一方，如果平時能以電話、書信的方式和孩子保持很好的溝通，並及時給予情感或生活的援助，離婚也不會帶給孩子更多分離的痛苦。

孩子太小時，即便你告訴她（他）父母已離婚，她（他）也不明白，不會引起情感波動。但當孩子逐漸長大，有了自己的是非觀，尤其到了入園的年齡，進入第一叛逆期的年齡段，隨著孩子思維的發展，對人對事有了一定的計劃性和預見性，她（他）會根據現有的經驗對事對人做出自己的判斷和理解，並有強烈的認同需要。集體生活會隨時觸發孩子關於父母家庭的思考，「善意的隱瞞」對她（他）來說就是欺騙，會使孩子感到沒被尊重，沒被認同。同時「善意的隱瞞」也違背了我們一貫教育孩子「誠實、不撒謊」的宗旨。一旦孩子透過別人的竊竊私語或同伴的譏諷知道實情之後，她（他）會受到更大的心理傷害。孩子還未成熟的心理接受不了一貫信賴的父母親欺騙他們，容易使他們關閉心扉，讓父母親很難把握他們的心理狀況。

溝通祕笈

還在為如何告訴孩子實情和什麼時間告訴孩子實情而憂慮的單親父母們，由海老師來告訴你一些溝通祕笈吧！

（1）如果你的孩子還未到學齡，請不要擔心。這個階段的孩子屬於「有奶便是娘」的懵懂期，無論是跟爸爸還是媽媽，甚至跟爺爺奶奶一起生活，孩子都能很快適應。但孩子三歲以後突然失去爸爸或媽媽的懷抱和疼愛，他會有明顯的失落感。若失落感嚴重，你可以嘗試著告訴孩子實情，並做好安撫。

（2）選擇合適的時機告訴孩子，比如當孩子主動問及爸爸（媽媽）去哪兒了，為什麼這麼久不回來？或者孩子對有監護權的爸爸（媽媽）說：「某某小朋友說我媽媽（爸爸）不要我們了，是真的嗎？」等等。當類似的疑問出現時，就是該告訴孩子「爸爸媽媽已經分開了」的時候了。

（3）告訴孩子實情時，要注意以下原則：告訴孩子，雖然爸爸媽媽分開了，但爸爸媽媽依然很愛你，你依然是爸爸媽媽最親愛的寶貝；離異雙方不彼此抱怨，不指責對方，幫助對方在孩子心目中樹立良好的形象；離異雙方

不讓孩子捲入離婚事件，比如對孩子說離婚是因為她（他）不聽話，等，因為這樣的話會給孩子內心留下永久的傷痛，甚至否認自己或自卑；父母應努力用實際行動證明，離婚是為了以後生活得更好。

（4）如果單親爸（媽）還年輕，應當趁孩子還小努力尋找合適的再婚對象，這是一種積極的生活態度。因為孩子在很小的時候比較容易接納新來者，到了七八歲以後就困難一些。而到了青春期後，要孩子接受繼父或繼母就是件比較費腦筋的事了。總之，你的陽光和快樂會傳染孩子，你積極的生活態度是孩子健康心態的指示標誌。

可以更好

某雜誌刊登的一篇文章中，一位單身母親的故事令海老師印象深刻。

田淑琴和丈夫離婚時，女兒只有五歲。雙方協商決定，女兒跟母親生活。考慮到女兒的心理承受能力，田淑琴決定暫時不告訴孩子實情，只告訴她「爸爸出差去了」。但女兒想爸爸，鬧得田淑琴不知道如何是好，結果「出差」只延續了兩個月，這位理智的母親決定把實情告訴女兒。

田淑琴選擇了一個週末帶著女兒去公園遊玩。玩得很高興的女兒說：「爸爸怎麼不來和我們玩呀？」田淑琴心平氣和地把離婚的事情告訴了女兒。剛開始女兒不願意相信，這位母親很冷靜地對女兒說，不是爸爸不要我們了，是爸爸和媽媽之間有了問題，不願再住在一起。但爸爸、媽媽都會像從前一樣愛你，只不過愛的方式變了，比如這星期媽媽陪你玩，下星期也許就是爸爸陪你玩。女兒年齡小，似懂非懂地問：「是爸爸不好嗎？」這位母親很平靜地回答：「分手不一定是誰有錯，只是我與你爸爸感情出現了問題。不是我們哪個人的錯，更不是你的錯。」

當然，女兒知道真相後，有好長一段時間不愛說話，也很少在田淑琴面前提到爸爸了。但有一次田淑琴帶女兒回娘家，聽到小姨說爸爸的壞話，女兒非常激動，大吵大鬧：「不許說我爸爸的壞話！」田淑琴知道，不能把成年人的恩怨帶給孩子，這樣會在她在心裡埋下怨恨或自卑的種子。田淑琴給

轉角遇到幸福：寫給單親爸媽
上篇 告別昨天

自己立了個規矩：絕不在孩子面前以婚姻受害者自居，並要求親朋好友不要當著女兒的面談論她爸爸的是非。

更難得的是，田淑琴一直提醒自己做個樂觀的單身媽媽，陪女兒去才藝班、逛街、遊玩，並鼓勵女兒打電話給她爸爸，和爸爸制訂週末出遊的計劃。漸漸地，女兒適應了生活的變化，她開始幫田淑琴分擔一些家務，主動關心田淑琴，和田淑琴談心。女兒寫了一篇作文《我的爸爸、媽媽》，其中寫道：「我的爸爸、媽媽都是很好的人。雖然他們分手了，但他們對我的愛沒有改變，我也一樣深深地愛著他們。」

滴海藏箋

1. 家庭是父親的王國，母親的世界，兒童的樂園。

——愛默生

2. 父親是一個銀行，發行知識，支付愛……

——馬英九

3. 母愛是世間最偉大的力量。

——米爾

4. 一個偉大的人有兩顆心：一顆心流血，另一顆心寬容。

——紀伯倫

三 黑黑的夜晚，我好害怕

心語故事

于小惠是海老師的遠房表妹，五年前于小惠一家子來到海老師所在的城市生活。于小惠的丈夫在一家計程車公司開車，于小惠則打些零工，兩人有一個活潑可愛的兒子——強強，日子雖清貧卻也其樂融融。兩年前于小惠申請到一套社會住宅，強強爸爸的幹勁更足了。為了多賺錢，強強爸爸上夜班的時間也越來越多。

在強強讀五年級時的一個晚上，強強和于小惠洗漱完畢正準備睡覺，強強爸爸的公司打來電話，說強強爸爸發生車禍了，讓家人趕快到醫院。強強和媽媽火速趕到醫院，面對的卻是最後的告別。陷入極度悲痛中的於小惠為了生計，拖著疲憊的身心四處打工，甚至同時兼著好幾份工作，幾乎沒時間照管孩子。于小惠是位堅強的媽媽，從不向家人和親戚朋友訴說自己的不幸。她一心想透過自己的辛苦努力改善她們母子的生活，可是于小惠不明白為什麼在孩子爸爸去世這一年多來，孩子越來越不願意親近自己了呢？強強既不願意和于小惠說話，更不願意聽她說教，脾氣越來越壞，令于小惠很傷心。據老師反應，強強上課精力不集中，還總是打瞌睡。于小惠有點納悶：每次夜班回來，強強都已經睡著了，睡眠時間應該是足夠的啊！

面對不願和自己交流的兒子，于小惠想到了做心理諮詢的表姐海老師。面對表姐，她將自己的委屈和對強強的不解一股腦傾訴了出來。

原來如此

聽著于小惠的講述，海老師雖然對強強的問題早有了答案，但她更願意給表妹傾訴內心苦悶的機會，讓她痛痛快快地發洩。

一般的單親家庭，孩子都會有明顯的孤獨感和不安全感。如果是父母一方去世，尤其是去世情景比較慘烈的，那可怕的場景會永遠烙印在孩子幼小的心裡。

失去父親或母親的單親孩子容易形成孤僻、懦弱、膽小的個性。當孩子長期被忽視、得不到關注時，還有可能走向自閉。這種種表現都是安全感的缺失造成的。只要父母能保持陽光心態，正確引導，多些陪伴，並及時給予關愛，這些問題都是可以避免的。

單親家庭由於失去另一方的支持，生活往往會陷入困境。單親父母為了維持家庭開支，會比以前更辛苦更努力地工作，而生活重心的轉移，會讓他們忽略孩子的心理需要和精神需求。青春期兒童情緒變化中的積極方面較少，消極情緒較多，情緒穩定性較差，孤獨感和壓抑感增強，強烈的自尊心讓他

轉角遇到幸福：寫給單親爸媽
上篇 告別昨天

們不願意求助於別人。若這個時候，父母或其他親人不能及時主動關心他們，他們就會產生強烈的無助感和被遺棄感。

缺少親人的陪伴，沒有溝通的途徑，得不到及時的幫助，孩子在這樣精神和現實的雙重孤獨中會遭遇極大的打擊。強強失去了父親，晚上一個人在家睡覺，因為情感上的孤獨、恐懼，睡眠質量差，出現情緒不穩、精神萎靡、學習效率降低等情況都是情理之中的。父母離異或喪偶，單親一方往往首先想到的是要保證孩子的物質生活。實際上，對於單親孩子來說，精神生活比物質生活更重要。他們需要親人的陪伴，渴望一個溫馨的家，精神上會更加依賴與自己生活在一起的父（母）親。

溝通祕笈

聽著海老師的分析，于小惠不時地點頭表示認同：「表姐你教教我現在該怎麼辦吧！為了盡快改變孩子的現狀，讓他快樂起來，我全聽你的。」下面是海老師為失去父母一方的單親爸（媽）們提的幾點建議：

（1）單親父母應在孩子面前表現出自己堅強的一面，但這種堅強不能以犧牲孩子的安全感為代價。在維持生計和照顧孩子不能兼顧的情況下，積極尋求親人的幫助是最好的解決途徑。比如，于小惠可以與家人商量讓母親來自己家裡，讓強強在自己不在家時依然有人陪伴。這種安排有可能會給親人們造成一定困擾，但如果大家相互體諒，困難是可以克服的。

（2）安排一些活動，尋求親戚朋友中的男性長輩參與，讓他們與孩子一起做一些戶外運動、聚餐旅遊等。讓孩子在生活中不缺失父親或男性榜樣角色，培養孩子的男子漢氣概和勇於擔當的精神，也能夠鍛鍊孩子的膽量。

（3）盡可能地抽時間陪伴孩子，並為孩子提供表現擔當的機會。如讓孩子列清單採購生活必需品，安排孩子繳水電瓦斯費，要求孩子做力所能及的體力勞動等。當孩子完成任務時，積極給予表揚和鼓勵，培養孩子勇於擔當的個性。

（4）尋求學校裡老師和同學的幫助。多與老師溝通，由老師安排、提供孩子表現自己的機會，並及時給予認可和鼓勵。由老師營造團結友愛的班級

氛圍，增加互動機會，用同學的熱情和友誼叩擊孩子的心門，讓孩子逐漸敞開心扉，用來自老師、同學間的關愛增強孩子的自信心。

（5）積極尋找更多白天工作的機會，盡快改變晚上很晚回家的現狀，爭取做到夜晚能陪在孩子身旁，做孩子心靈的守護神。

可以更好

為了給表妹打氣加油，海老師向于小惠講了一個與她有相似經歷的案例故事。

黃珍珍今年四十五歲。三年前，一場車禍奪去了丈夫的生命，給她留下了兩個女兒和三萬元的債務。黃珍珍小時候得過小兒麻痺症，導致右腿殘疾。自己身體不好又失去了丈夫，那段日子，黃珍珍覺得心灰意冷，甚至想過自殺。但看著兩個可愛的女兒，她還是放不下。她想，兩個孩子沒有了爸爸已經夠苦了，我死了，兩個女兒不就更慘了嗎？日子總得過，總會好起來的，再怎麼艱苦也要把她們拉拔長大。於是，黃珍珍擦乾眼淚，用自己單薄的肩膀扛起了這個家。

由於身體原因，黃珍珍無法外出打工。她求助親戚朋友，尋找能在家做的工作。幾年來，她靠在家糊紙袋、做手工編織品、換拉鏈、改衣服等賺取一家人的生活費。通常，她一天要做十幾個小時，在燈下忙到晚上十二點也是常事。幸運的是，由於整日在家，孩子們放學回家就能看到媽媽，在媽媽的吩咐下她們能幫忙做些家務事。黃珍珍也能邊工作邊和孩子們聊天，了解她們在學校的情況。晚上，孩子們做作業或者睡覺時，看到媽媽房內的燈光就覺得整個屋子都很溫馨。雖然家裡的生活過得很艱苦，但黃珍珍還是樂觀地對待生活。她說：「政府很照顧我，給我辦了低收入戶保險，還不時地給我補助，我很感激。」

在生活的磨難中，黃珍珍變得堅強起來。漸漸懂事的大女兒已經能幫黃珍珍做很多家務事，還能照顧乖巧的小女兒，黃珍珍覺得自己付出的一切都是值得的。在黃珍珍的教育下，大女兒已經考上了大學，在學校裡也辦了助學貸款，還在校外做一些兼職補貼家用。日子開始一天天好起來，黃珍珍覺

得雖然日子過得有些艱辛，但一家人能這樣齊心協力、其樂融融讓她覺得很欣慰。

滴海藏箴

1. 即使翅膀斷了，心也要飛翔。

——張海迪

2. 現實是此岸，理想是彼岸。中間隔著湍急的河流，行動則是架在川上的橋梁。

——克雷洛夫

3. 理想如星辰——我們永不能觸到，但我們可以像航海者一樣，藉星光的位置而航行。

——史立茲

4. 一步一步地走，這是唯一的成功之路。

——喬丹

5. 他們不可能打倒我，除非殺了我，而任何殺不了我的就只會令我更堅強！

——尼采

四 我是小小拖油瓶嗎

心語故事

某天，海老師遇到了小學同學呂霞。兩個人來到一家咖啡廳，伴著舒緩的音樂，呂霞緩緩訴說這些年的生活。原來，呂霞於三年前成了單親媽媽。生性樂觀的呂霞，現在最擔心的還是女兒小雨。

小雨的童年是在爸爸媽媽的爭吵打鬧中度過的。自從爸爸有了離婚的念頭，薪水就不再交給媽媽了，對家裡的事情不聞不問，家裡再也沒有了安寧。八歲那年，小雨的爸爸媽媽終於離婚，結束了這場曠日持久的吵鬧，小雨就

隨著媽媽一起生活。媽媽呂霞是一家工廠裡的臨時工人，靠微薄的收入維持著母女的生活。為了盡快改善窘迫的生活狀況，呂霞嫁給了一個比自己大15歲的男人。這個男人經常當著小雨的面數落小雨在讀書、生活上開銷太大，還常因為小雨的問題和呂霞吵架。剛開始，呂霞還一再忍耐，時間久了她覺得維持這種生活太累了，最後還是離了婚。可是沒想到這次離婚對小雨的影響比對呂霞還大。小雨整日悶悶不樂，一副心事重重的樣子，令呂霞很不安。

再次離婚之後，呂霞辭掉工作，自己做起了小生意。在創業過程中，呂霞認識了一位男士，感覺他人品不錯。看著那位叔叔對呂霞真心地好，小雨的臉上漸漸露出了笑容，她打心底替呂霞高興。可是有一天，小雨無意聽到了媽媽和那位叔叔在電話中爭論關於結婚的事。她聽出，因為她，叔叔在與媽媽結婚這件事上猶豫不決。憂鬱再次籠罩了小雨，小雨跟外婆說，我是媽媽的累贅，都是因為我，叔叔才不願意和媽媽結婚！

呂霞不明白，小小年紀的小雨，感情怎麼就那麼細膩呢？

原來如此

聽了呂霞的訴說，海老師弄清楚孩子的問題出在哪裡了，呂霞肯定犯了很多離異家庭都會犯的錯誤。

很多離異夫妻在離婚前為了發洩自己的不滿，爭吵時往往忽略孩子的存在。在惡言相向、相互指責的言語中為旁觀的孩子塑造了另一方的惡劣形象。有些甚至直接將怨氣和情緒發洩到孩子身上並無緣由地指責孩子，讓孩子惶恐不安，讓孩子認為自己在某些方面做得不好才導致他們爭吵。還有些離異夫妻為了自己的利益，把孩子當籌碼或當累贅。

所有離婚前的種種不良言行都會造成孩子的不安全感、內疚感、自卑感。這樣的心理會妨礙孩子正常的人際交往，甚至使孩子封閉自己，從而產生交往障礙。一項對1000個離異家庭子女的調查統計，其中45%的孩子有自卑心理，40%的孩子性格孤僻、情感脆弱。父母離異，在一定程度上改變了孩子的心理成長軌跡。孩子就像家庭的一面鏡子，真實地反映著家庭情況。在孩子的個性心理變化訊息中，最大的影響因素是父母之間的與孩子相關的矛

轉角遇到幸福：寫給單親爸媽
上篇　告別昨天

盾衝突。像小雨這個年齡的孩子，本該無憂無慮、天真爛漫、任性活潑，她卻更關注媽媽婚姻是否幸福。如果媽媽婚姻不幸福或不順利，她就憂慮、自責，不願與人交流，表現出多疑、敏感、早熟、自卑的一面。她的「媽媽幸福我就開心」的想法與父母們普遍以「孩子開心我就幸福」的價值觀在本質上是一樣的。

在呂霞的故事中，離婚前雙方都沒有考慮小雨的感受，沒有人向小雨解釋他們離婚是否與孩子有關。而父母的這些行為表現讓孩子認定：「都是我的錯。」離婚後連續兩次不順利的婚姻加重了孩子「我是小小拖油瓶」的心理負擔。小雨認為：因為自己，他們離婚，也因為自己，媽媽再婚遇到麻煩。從而小雨就背負上沉重的負罪感，嚴重影響著小雨的身心健康發展。

溝通祕笈

聽完海老師的分析，呂霞流下了悔恨的淚水。哪個媽媽不希望自己兒女是幸福快樂的呢？遇到同類問題的單親爸媽們也不要太著急，海老師提供幾點建議為你和孩子的溝通助力。

（1）找個合適的時間和孩子談談，可能的話父母同時到場，營造一個輕鬆愉快的談話環境，真誠地向孩子澄清：父母離婚是彼此間感情出了問題，與孩子無關。也許孩子會說：是你們當時吵得那麼凶，我聽到你們是因為我成績差而生氣吵鬧的。這時候父母就應該拿出更具體的事例來說明，吵架的原因不是因為孩子，直到孩子相信爸媽離婚的確不是他造成的。對於多疑和善於辯論的孩子來說，你要有充分的論據準備來打消孩子的種種疑慮。

（2）做個陽光的單親媽媽（爸爸）。離婚已是事實，再婚還需謹慎，過好當下才最重要。離婚不一定會為孩子帶來成長困擾，但離婚後父母的生活態度、生活方式將直接影響孩子的個性發展。和孩子一起參加出遊、運動、學習等活動，在活動中父母展示充滿活力、陽光自信的一面，讓自己積極的生活態度感染孩子，激發孩子的生活熱情。因為單純的孩子們是很容易被同化的，他們的煩惱來得容易、去得也快。

（3）用自信、獨立的個性形象影響孩子，為孩子樹立正確的價值觀、婚戀觀。日常生活中多鼓勵孩子，當孩子取得成績獲得成功時，一定不能漠視。「你真棒！媽媽為你驕傲！」等讚揚可以激發孩子的自信心。婚姻本身多講緣分，對待再婚，不急於求成，也不悲觀失望，切忌草率。比如呂霞後面遇到的這位男士，當他在結婚這件事上猶豫時，呂霞應及時對孩子講：「看吧，他不是媽媽合適的結婚對象，我們不喜歡也不需要這樣的人與我們一起生活，對吧？」一句話既可以消除孩子的懷疑，又能增強她的自尊。將孩子作為平等的家庭成員，跟她講講自己工作的新進展，取得的好成績，或其他生活方面的新收穫，並暗示孩子：「我們兩個人也一樣可以過得開心幸福。」這樣就可逐漸消除孩子認為自己是媽媽再婚負擔的壓力。

可以更好

談完對呂霞的建議，海老師想起朋友李芬，李芬的生活境況對呂霞有一定的借鑑意義。

李芬在一所職業技術學院上班。李芬對丈夫極度厭惡，然而為了五歲的女兒，她還是選擇了忍受。但有一天，丈夫喝醉了回家，對李芬拳腳相加，忍無可忍之下李芬終於下定決心離婚了。

李芬說，那時候孩子很怕她爸爸醉醺醺、惡狠狠的樣子。李芬將孩子放在孩子的外公外婆家，才回家跟丈夫談離婚協議。因為心裡有怨氣而且特意送走了孩子，李芬將累積在心中的不滿與憤怒一吐為快。一場宣洩後，她只拿著自己銀行戶頭裡的那點錢離開了。

離婚後，李芬白天把孩子託付給孩子的外公外婆，自己努力工作，晚上盡可能在家陪孩子。李芬告訴孩子：「爸爸媽媽因為無法在一起生活所以就分開了，現在外公外婆家就是我們的家。我們一起努力，開開心心地和外公外婆一起生活怎麼樣？」孩子似懂非懂地點了點頭，高高興興地玩耍去了。工作中，李芬努力做好每一件事，努力維繫與每個同事的關係，努力讓自己活得健康快樂。健身房太貴，她就每天晨起跑步。週末時李芬讓女兒也一起

轉角遇到幸福：寫給單親爸媽
上篇 告別昨天

鍛鍊，李芬的上進和樂觀感染著女兒。每次女兒換了新的班導師，李芬都要委婉地告訴老師女兒是單親的「特殊情況」，以免女兒在學校遇到尷尬情況。

離婚三年了，李芬從未帶過任何一個男人回家。前夫再婚後又有了個兒子，女兒問李芬：「爸爸家有了弟弟，爸爸還會愛我嗎？」李芬回答：「當然啦！你是爸爸的女兒嘛！」孩子聽了很滿意地笑了。有時候，小傢伙也問李芬：「爸爸結婚了，你為什麼不結婚呀？」李芬的回答是：「如果有一天遇到一位叔叔，媽媽喜歡，寶貝也喜歡，而且叔叔也喜歡媽媽和寶貝，那媽媽結婚的時間就到啦！」由於李芬的小心呵護，孩子幾乎沒有受到傷害，八歲的她從來不把爸爸媽媽的離婚和媽媽能否再婚跟自己牽上關係，依然保持著那份童真、快樂。

滴海藏箴

1. 人生的磨難是很多的，所以我們不可對於每一件輕微的傷害都過於敏感。在生活磨難面前，精神上的堅強和無動於衷是我們抵抗罪惡和人生意外的最好武器。

——洛克

2. 作為一個現代的父母，我很清楚重要的不是你給了孩子們多少物質的東西，而是你傾注在他們身上的關心和愛。關心的態度不僅能幫你省下一筆可觀的錢，甚至能使你感到一份欣慰，因為你花錢不多並且給予了勝過禮物的關懷。

——諾埃爾

3. 有生活的時候就有幸福。

——列夫·托爾斯泰

五 變個壞孩子讓你看

心語故事

海老師的同事曹萍，離婚時兒子犇犇不到一歲，她一直帶著兒子跟自己爸爸媽媽一起生活。犇犇很懂事，八歲時就會為週末早晨睡懶覺的媽媽熱一碗牛奶端到床頭，喊媽媽喝了再睡，讓曹萍既感動又欣慰。

現在他們搬了新家，犇犇也讀了初中，按理說應該生活得更好才對。可是電話中，曹萍說：「簡直不知怎麼辦了！」這讓海老師不明就裡。掛了曹萍的電話，海老師邊做待客準備邊回想起了犇犇小時候的種種可愛。

原來，搬了新家後，曹萍一方面擔心外公外婆對犇犇過於溺愛，另一方面也考慮到犇犇應該更多地了解自己的爸爸並建立感情。所以，從小學六年級開始，一到假期曹萍就為犇犇買機票，將犇犇「掛牌郵寄」到廈門，讓犇犇與他的爸爸、爺爺奶奶團聚，曹萍也正好可以自由地安排自己的假期。但實際情況是，在廈門的爸爸整天工作，很難抽時間陪犇犇，繼母照顧著犇犇的妹妹根本不歡迎犇犇的到來。於是犇犇只有和爺爺奶奶過假期，而爺爺奶奶年紀大了，又怕犇犇獨自出去玩不安全，只好讓他在家裡玩。所以，犇犇已經度過了三個像蹲監獄一樣的假期。

有一次，犇犇將曹萍每月按時給的午餐費花掉了。老師電話催繳，曹萍只好給了第二次。過了一段時間，老師發現放在講臺上的午餐費未繳費名單不對勁，被劃掉了一個。老師很納悶，難道是自己搞錯了？但錢還是對不上呀？後經證實，犇犇將媽媽給的午餐費花得所剩無幾後，只好在老師的名單上動手腳。最近，犇犇早上跟媽媽一起出門上學，老師卻打電話說孩子沒有到校上課。經過幾次逃學、幾次談心交涉後，犇犇答應絕不再犯同樣的錯誤，一定好好上學。可是沒過多久，犇犇又逃學了。後來，曹萍的談心教育已經無濟於事了，犇犇就是不想上學。無奈至極，曹萍只好求助於遠在廈門的犇犇爸爸。經過犇犇爸爸的溝通，犇犇答應不再逃學，不過等他爸爸走了他又故技重演了。

轉角遇到幸福：寫給單親爸媽

上篇　告別昨天

曹萍對海老師說：「我想把他送到特殊學校去，您是心理諮詢師，我想先聽聽您的意見。」

原來如此

聽完曹萍訴說，海老師可以看出十三歲的犇犇已正式步入青春期，他也將青春期的個性特點演繹得淋漓盡致。

青春期孩子的自我意識在這一時期出現質的變化，對於「自我」的體驗和感受前所未有地清醒，自我意識空前增強；獨立性增強，總是希望得到他人的關注、承認和尊重，希望擺脫成人的約束，渴望獨立，儘管他們完全不能夠獨立；感情的變化非常顯著，「多愁善感」又「喜怒無常」；與成人世界的關係開始緊張，「叛逆」是最鮮明的改變，不願意再像「小孩子」一樣服從家長和老師管束。他們希望獲得像「大人」一樣的權利，因此經常固執地與父母頂撞對抗。

在這個階段，容易導致孩子偏離正常生活軌跡的個性特徵是自我意識的增強、希望被關注而且叛逆。自我意識中孩子心裡常常會問我是誰？我和別人有什麼不一樣？並經常會探尋關於自我的答案，這個時候家長的肯定和積極暗示是非常重要的。當「我」不是理想中的那個「我」時，他們會感到沮喪、茫然、不自信，甚至失望。希望引起家長、同伴、老師的關注和尊重，當「被關注、被尊重」需求得不到滿足，尤其是受到家長的冷落和漠視時，他們常常以「脫軌」的言行引起家長、老師、同學的關注，也就成了家長老師眼中所謂的「壞孩子」。當「被關注、被尊重」得不到滿足，或得到過多負面評價時，這一階段的孩子可能自暴自棄，甚至走上犯罪之路。

這個階段的孩子的心理需求表現為自認為合理的物質需求、朋友交往需求、異性關注的需求、獲得幫助的需求等。自認為合理的物質需求往往增長迅速，如果家長不能在過度需求與限制供給的辯論中說服孩子，孩子將有可能採取其他不正當手段來滿足自己的物質需求。叛逆是青春期最普遍的現象，固執、對抗、頂撞隨時會發生，父母應該寬容對待，以理服人。常言道：「青

春期遇到更年期有理說不清。」這就是典型的互不講理互不相讓，激化矛盾的行為。

父母應努力與青春期孩子建立良好的溝通渠道，及時了解孩子的心理需求和思想變化，幫助孩子排憂解惑。在單親家庭中，由於父母陪伴時間少於普通家庭，所以監護方需要傾注更多心血，關注他們的想法變化。非監護方也應該在特殊階段增加探視和溝通的頻率，以便及時發現問題，將可能產生的不良變化扼殺在萌芽期，讓孩子快樂、順利地度過青春期。

溝通祕笈

對海老師的分析，曹萍表示有道理。道理明白了，但關鍵是如何做才能盡快解決問題呢？請看海老師給各位正面臨相似問題的單親爸（媽）們提供的一些溝通祕笈吧！

（1）放下怨恨，重審你們所定的探視計劃，積極與前妻或前夫溝通，共同面對孩子特殊時期的特殊情況。比如，離異雙方居住在不同的城市，相距較遠，非監護方做不到每週或每月定期看望孩子，只能在孩子寒暑假時與其相聚的，那麼非監護方就應增加平時通話次數，保證每週與孩子通話一次或多次，讓孩子隨時感受來自父母的牽掛。當溝通變成一種習慣，空間距離也會縮短。而長期沒有溝通往來會讓雙方產生隔閡，變得陌生，長此以往會難以開啟孩子交流的心門。

（2）不要將孩子寒暑假與另一方一起生活當作是一種解脫。孩子與父（母）一方生活，另一方就不管不問，實際上是推卸責任的表現。孩子會有嚴重的失落感和強烈的被嫌棄感，孩子會覺得，其實父母都不愛我，只是在盡撫養義務。假期裡犇犇到了爸爸那邊，曹萍應關心孩子在那邊生活得如何，有沒有達到和爸爸相處的目的，每天過得開不開心。媽媽不能想當然地認為：「反正是你們的兒子或孫子，到你們那裡就是你們的責任和義務。」而爸爸則想：我這裡待的時間畢竟短些，糊弄過去就交給他媽媽教育。這種相互推卸責任的態度，會給孩子留下可乘之機，使孩子兩邊利用，養成不良習慣。

（3）單親父母特別辛苦，孩子和工作都很重要，但不能一味地為了讓孩子有更好的物質生活條件而忽略了孩子的精神生活環境，更不能用金錢來彌補孩子原本缺失的愛。多一份陪伴比多賺些錢對孩子更重要。

（4）如果孩子已經出現了所謂「壞孩子」的行為表現，請不要擔心，更不能放棄，要相信世界上沒有壞孩子，只有你還沒讀懂的孩子。當孩子出現問題時，首先要反省的是作為父母的你的言行是否符合孩子的心理需求，是否為孩子營造了一個令其滿意的生活環境。當做與孩子相關的決定時，你是否與孩子商量並聽取了孩子的心聲，是否給予了孩子應有的尊重？抽出你寶貴的時間和孩子來一次真誠、平等、推心置腹的長談吧！若能解答孩子一直藏在心裡的諸多「為什麼」，他會變得更易於溝通。試著理解孩子，不要漠視孩子的任何一個看似無理的要求或看似無可救藥的「壞孩子」的行為。作為父母，你應該知道孩子的這一行為想向你表達什麼。

可以更好

為曹萍分析結束，海老師順便向她講了另一個單親家庭的故事，並請曹萍放心，只要與孩子做好溝通，與前夫配合教育，孩子的問題一定會得到解決。

蔡蓓是個活潑的女孩，今年上初中二年級。蔡蓓媽媽林琳，性格開朗，從事教育工作；爸爸從政，是事業有成的公務人員。蔡蓓的出生為這個原本就和睦幸福的家庭增添了無盡的歡樂。小時候的幸福快樂、無憂無慮的生活造就了蔡蓓活潑開朗的個性。

但在蔡蓓四年級時爸爸媽媽之間發生了矛盾，嚴重衝突下協議離婚了。離婚時雙方都將孩子的利益放在首位，蔡蓓隨媽媽住原來寬敞明亮的新房子，爸爸住條件較差的老房子，但相距不遠。蔡蓓沒感覺爸媽之間有什麼問題，只是爸爸總住在老房子裡，她略微有些不痛快。

離婚後不到半年，蔡蓓的爸爸被調到了鄉下單位，與蔡蓓距離變遠，原來協商的每週末爸爸和蔡蓓一起生活的協議受到挑戰。為了孩子，離婚後的爸爸媽媽並沒有形同陌路，雙方常在電話中商量孩子的生活、教育問題。蔡

蓓爸爸要去外地工作，蔡蓓媽媽及時電話聯繫溝通，要求蔡蓓爸爸每週一次或每月至少兩次與孩子一起過週末，蔡蓓爸爸也踐行得很好。暑假裡，學校的露天泳池，一群孩子在教練的指揮下學習游泳，偶爾會看到蔡蓓的爸媽出現在看臺上，看著他們共同的寶貝在游泳池中認真學習。

每次蔡蓓去爸爸那裡，林琳都會在電話中強調有關的「注意事項」。從爸爸那邊回來，林琳都會關心地詢問，和爸爸在一起開心嗎，都做了些什麼等。雖然和媽媽住在一起，但爸爸會在週末趕來接送她去各種才藝班，也常帶她出去玩耍、吃飯等，蔡蓓絲毫沒覺得自己比別的孩子少了什麼。但進入青春期的蔡蓓，叛逆情緒漸長，有時對媽媽的安排很是排斥，對著媽媽大吼。林琳說，每當這時，她就一邊在心裡警告自己「這是青春期」，一邊沉著地微笑。等孩子發洩完了，她再與孩子談話時，孩子像什麼事都沒發生過。看著這樣的女兒，林琳常常暗自發笑。

作為監護方的林琳，除了正常課時安排外，週末或假期的加班要求她一概拒絕。她要求自己盡可能在家，這樣能更好地照顧孩子的生活起居，孩子回家也從未感到孤獨。現在蔡蓓國中二年級了，性格開朗，學習也挺棒的，偶爾還會向媽媽透露點班裡同學間的小祕密。

林琳也經常得意地向別人介紹自己的教育經驗和做法，強調最多的還是：耐心、沉著、多表示愛。

滴海藏箴

1. 深窺自己的心，而後發覺一切的奇蹟在你自己。

——培根

2. 在父母的眼中，孩子常是自我的一部分，子女是他理想自我再來一次的機會。

——費孝通

3. 父愛如傘，為你遮風擋雨；父愛如雨，為你濯洗心靈；父愛如路，伴你走完人生。

——高爾基

4. 要尊重兒童，不要急於對他做出或好或壞的評判。

——盧梭

5. 那些最能幹的人，往往是那些即使在最絕望的環境裡，仍不斷傳送成功意念的人。他們不但鼓舞自己，也振奮他人，不達成功，誓不休止。

——安東尼·羅賓

第二章 放下恩怨跟過去告別

　　婚姻破裂似一場噩夢，打破了往日寧靜的幸福，怨恨、無奈、無助讓你痛苦。當痛苦到了極致時，你感覺人生跌到了谷底，仰望天空思考時發現頭腦逐漸冷靜，思路慢慢清晰。請不要再糾結於曾經誰對誰錯，試著放下過去，你會發現天空日漸明朗，陽光仍然溫暖，孩子依然是你最親愛的寶貝，即便步履艱難，路途依然有風景相伴！哭夠了，該是笑一笑的時候了，上一段不幸已經結束，向下一段幸福美好招手吧！上路吧，因你的堅強、你的樂觀和你要為孩子重闢一片天地的信念，路途變得不如想像的艱難，收穫的喜悅讓你重拾自信。因你的堅強、樂觀，生活也對你笑了。當你突然想到曾經的他（她），竟然有那麼些許的感念。薄柳之姿，望秋而落；松柏之質，經霜猶茂。原來，生活依然很精彩！

一 噩夢醒來是清晨

心語故事

　　《寶寶日記》講述了一位單親爸爸和兒子的故事，這故事讓海老師感觸良多。

　　四年前，婚姻幸福、工作日漸走上正軌的錢先生的生活卻遭遇飛來橫禍。一向溫柔賢惠又善於持家的妻子遭遇了一場意外，撇下他和兒子撒手人寰了。錢先生和兒子似乎掉入漫漫長夜，看不見未來的方向。父子倆一時間沒法接受這種現實，工作生活陷入混亂，錢先生的精神幾度崩潰。

為了兒子，錢先生強打精神兼顧起工作和照顧孩子，但常常因為不能兼顧父母雙親的角色而感到無奈。有一天，錢先生因為要出趟短差，清晨出門時很匆忙。他簡單地為孩子做了蒸蛋後，對還沒有睡醒的孩子交代一聲，就出門去了。晚上他拖著疲憊的身軀回到家，簡短地和孩子打了個招呼，就脫掉西裝直接躺到床上。就在這時，「砰」的一聲，紅色的湯汁跟泡麵突然濺起，瞬間弄髒了床單和被罩。原來有碗泡麵在棉被裡！錢先生嚇得跳起來，衝向正玩玩具的兒子，照著屁股就是一頓亂打。因為實在太生氣了，所以錢先生下手又快又狠。這時候他聽到兒子啜泣著說：「晚飯我自己吃了泡麵，也幫爸爸弄了。但爸爸遲遲不回來，我怕泡麵涼了，就暫時放到被子裡，準備爸爸回來時要先告訴爸爸的。可是因為自己玩玩具太入迷了，爸爸又那麼快就躺到了床上，所以沒來得及說。」錢先生聽了兒子的話愣了一會兒後，衝進洗手間，打開水龍頭痛哭出聲。對妻子的思念和對兒子的愧疚讓他心痛欲裂，感覺整個人都要垮了。

　　那件事之後，錢先生好幾次看到兒子對著妻子的照片默默流淚，他真想抱著兒子痛哭一場。

　　日記的最後一段話是：我該怎麼辦才能讓兒子的明天更開心？

原來如此

　　故事中，錢先生和兒子的痛苦是突然失去親人的人們都要經歷的。但海老師發現的問題是，這位錢先生作為父親，不但自己沒能解決好情緒問題，還將負面情緒帶給了孩子。

　　失去親人的痛苦是不言而喻的。但當一個人失去親人後不顧其他親人的感受，只強調自己的痛不欲生，這是自私的表現。雖然「自私」這種說法，聽著令人難以接受。但這種行為的表現的確會將親人的離世演變成影響整個家庭的惡劣事件，使人忽略對其他親人應有的責任和義務，加重了其他親人的痛苦和無助。

　　很多人曾經認為生活上遇到的困難就是最痛苦的，喪失至親才知道人生最大的痛苦莫過於此。生命是一個過程，有開始就有結束。人的一生有長有

轉角遇到幸福：寫給單親爸媽
上篇 告別昨天

短，親人間同行的路也有長有短。失去親人固然痛苦，但當你還有一個幼兒待育時，請一定不要將痛苦萎靡的時間拖延得太久。你可以在內心深處緬懷失去的親人，甚至消沉一段時間，但一定要記得，你不僅僅是個丈夫（妻子），你更是一個父（母）親。

很多未知的、不可控的危險圍繞在我們身邊，災難和意外會隨時降臨。當災難降臨時，我們要學著慢慢接受。痛失丈夫（妻子）後，長久的情感失落才是真正引發永久傷害的誘因，因為這一定程度上營造了家庭的悲劇氣氛。

單親父母要整理好自己的情緒，重新投入生活和工作。離去的親人定然希望活著的人生活得幸福快樂。失去親人的一方要接受失去親人的事實並適應失去親人的環境。生活要繼續，生者的相互理解與支持是度過難關和療傷最有效的出路。

生活中，父（母）親是孩子的榜樣，遇到災難性打擊時父（母）親是孩子的精神支柱。父（母）親的陽光心態會照亮孩子的心靈，父（母）親的勇敢如春風般掃走孩子們心中的迷茫無助。因為還有你——父（母）親，迷茫的孩子在前進的路途中依然有目標可循。

溝通祕笈

海老師的一番分析，應該讓因災難而變成單親父（母）的你在迷茫中已有所領悟了吧。海老師還是有幾點小小的溝通祕笈獻給單親爸（媽）們，希望能幫助單親爸（媽）們盡快走出生活的陰影。

（1）突遇變故後，問問自己，生活已經糟透了，還會更壞嗎？告訴自己，不會比這更糟了，一切會慢慢好起來。雖然路途艱辛，但我們已經上路了！

（2）重新審視自己，規劃生活，為自己設定目標，因為重整旗鼓的時間到了。送孩子上學的路上為孩子說一個笑話或講個小故事，與孩子一起笑一笑。學校門口，親親孩子，跟他（她）說：「寶貝再見！」孩子會懷著被愛的幸福，安心去上學。工作中，主動與同事打招呼，然後全身心投入工作，你會感覺時間的快速流動帶走了不少憂愁。這樣過一天，感覺還不錯吧。

（3）為自己和孩子找些幸福找些快樂。當工作中取得小小成就，當孩子學習中有了小小進步，你可以對孩子說：「寶貝，我們慶祝一下如何？」帶著孩子找一個地方，哪怕是吃些大人眼中的垃圾食品，只要環境優雅，音樂舒緩。一起慶賀一番後，你和孩子的心情是不是棒極了？誇獎孩子最近的進步，為他的優秀表現豎一下大拇指，然後告訴孩子自己工作中的小小成就。幾次下來孩子也會為你豎起大拇指。這種相互「恭維」是不是覺得幸福滿滿？

（4）運動是放鬆心情、發洩情緒的最佳途徑。做一個運動計劃吧，計劃中請不要忘了孩子。試想一下，健身房、運動場或者晨跑的路上，你的身旁有個小小的、蹦蹦跳跳的他（她），你的心情是不是愉悅了很多？

（5）收起那些能時刻勾起你思念的物品。將照片、衣物和所有代表親人曾經在這裡的物品收藏起來，以減少「睹物思人」「觸景生情」的機率，因為畢竟那些人和事都已經回不來了。

可以更好

有了海老師的祕笈，再來看一個有著同樣遭遇的梁先生是怎樣做的吧！

梁先生是海老師的一個朋友。梁先生本來有個幸福的家庭，妻子和他都是一家IT公司的職員。結婚兩年後他們有了可愛的女兒彤彤，彤彤的到來為一家人增添了很多幸福快樂。看著女兒從牙牙學語到蹣跚學步，梁先生高興得走路都哼著歌。

可是就在女兒還不到兩歲時，妻子在回家的路上遭遇了車禍。這一消息如晴天霹靂，把梁先生震懵了。梁先生承受著失去親愛的妻子的悲痛，一邊工作一邊照顧著年幼的女兒，身心俱疲，心力交瘁，生活工作一團糟。經過一段時間的痛苦掙扎後，梁先生決定重新開始，他說：「為了女兒，我不能倒下去，我得有時間承擔父母雙親的角色。」

為了方便照顧女兒，梁先生辭掉了原來的工作，經朋友幫忙在離家不遠的手機商城租下一個櫃臺，成為一家手機公司的銷售代理。剛開始，因為生意上沒經驗，同時還要照顧孩子，讓他手忙腳亂、力不從心。他常常將孩子帶到商城，可愛的彤彤跑來跑去，時間久了，她成了各位生意夥伴的小甜心。

轉角遇到幸福：寫給單親爸媽
上篇 告別昨天

在相對熱鬧的環境中，孩子不但不孤獨，還享受了不少來自叔叔阿姨們的疼愛。由於梁先生熱情周到的服務和售後保障，生意慢慢上了正軌，收入也豐厚起來。梁先生說，女兒彤彤馬上要上幼兒園了，上了幼兒園他就有更多的時間和精力做生意了。他還有一個心願就是要送女兒上她喜歡的才藝班，要讓她和其他的孩子一樣接受各種才藝教育，絕不能因為孩子沒有媽媽就喪失受教育的機會。

滴海藏箴

1. 信念！有信念的人經得起任何風暴。

——奧維德

2. 我們對自己抱有的信心，將使別人對我們萌生信心的綠芽。

——拉羅希福可

3. 有人問鷹：「你為什麼到高空去教育你的孩子？」鷹回答說：「如果我貼著地面去教育他們，那牠們長大了，哪有勇氣去接近太陽呢？」

——萊辛

4. 只有把抱怨環境的心情，化為上進的力量，才是成功的保證。

——羅曼·羅蘭

二 放下吧，那些恩恩怨怨

心語故事

自從做了心理諮詢師，海老師就特別關注青少年兒童，真心希望每一位青少年兒童的笑臉都能洋溢著快樂。前些天，海老師應朋友田甜之約去她家做客，見到一位十歲左右的小姑娘。小姑娘面無表情，看起來比同齡的孩子要成熟許多。海老師一問才知道是田甜鄰居家的孩子。田甜之所以今天約海老師來，就是想與海老師一起幫助一下這位叫彤彤的小姑娘。

彤彤今年十歲，上小學四年級。八歲時彤彤的爸媽因感情破裂離婚，她就和爸爸、奶奶生活在一起。因離婚前的感情糾葛，彤彤的爸爸對彤彤的媽媽充滿了怨恨。在爸爸嘴裡，「那個壞女人」是媽媽的代名詞，而奶奶在料理她生活起居的同時也時常會抱怨彤彤的媽媽。離婚後的兩年裡，彤彤的媽媽從來沒有看過彤彤。在彤彤的心裡，媽媽是個不愛自己、拋棄自己和爸爸的「壞女人」。彤彤生活在爸爸的怨恨和奶奶的抱怨中，在心裡埋下了怨恨媽媽的種子。由於爸爸工作很忙，彤彤回家感受不到爸爸的關愛。慢慢地，她變得性格孤僻、學習落後，不論在家或學校都喜歡一個人坐著發呆。

兩個月前，彤彤的媽媽來看彤彤，結果引發了一場家庭戰爭。彤彤的奶奶和爸爸對彤彤的媽媽很凶，媽媽淚流滿面，被奶奶推出了家門。當時的彤彤既渴望撲進媽媽的懷裡，又非常怨恨媽媽，矛盾中她選擇躲在屋裡不露面。

此後，彤彤變得更加孤僻，常常一個人一待就是一天，也不和爸爸說話。奶奶看著心疼，爸爸也很擔心彤彤會出什麼問題。知道海老師是心理諮詢師，就託田甜幫忙，希望能找海老師開導一下彤彤。

原來如此

在和諧的婚姻生活裡，很多夫妻是合作型的關係。而離異夫妻多半會將原來的合作型的關係變成敵對型或絕交型的關係。在孩子教育中，自然、良好的合作關係營造了和諧的家庭氛圍，為孩子提供了良好的成長環境。而離異父母之間的相互責難，則給本已承受著家庭破碎痛苦的孩子再次加重負擔。我們常說，在孩子教育中，夫妻需要一個扮白臉一個扮黑臉，缺少了父母任何一方的教育都將是不完整的教育。所以，為了孩子，夫妻不妨二次合作，將父母這個角色真正扮演好。離婚不一定就帶給孩子傷害，真正影響孩子健康成長的是父母的相互詆毀中定性灌輸給孩子錯誤的角色認同。

在彤彤爸爸的故事中，他與前妻的關係可以說是敵對型加絕交型的關係了。彤彤爸爸將對前妻的怨恨遷怒到孩子身上，阻止孩子與母親相處。表面上懲罰的是前妻，實際上卻讓孩子也一同承受著這份被處罰的痛苦。彤彤爸爸不明白的是，媽媽愛自己的孩子和孩子對母愛的渴望是與生俱來難以阻擋

的，空間上的隔離只會讓這種情感更強烈，而當強烈的情感得不到滿足時，來自其他人，如父親或祖輩的愛也得不到滿足時，孩子會變得孤僻、沉悶，甚至逐漸走向自閉。

生活中，不乏像彤彤爸爸這樣的單親家長，他們忽略了孩子對於母愛（父愛）的心理需求，拒絕或不願意讓孩子與另一方有過多接觸，以此剝奪了孩子獲得母愛（父愛）的權利。這樣的孩子到了青春期時，叛逆的個性和長久積壓在心中的不滿很可能以極端的方式爆發，更有孩子在長期的壓抑中為了尋找宣洩途徑而誤入歧途。所以，離婚後，在監護方積極給予父愛（母愛）的同時，一定不能剝奪孩子獲得非監護方給予的權利，以免埋下一顆怨恨的種子，若一朝爆發，結果難以預料。

溝通祕笈

聽著海老師和田甜的分析，彤彤爸爸不時點頭表示認同，似乎有些後悔自己的做法。他希望海老師能幫助女兒早日走出陰影，進而改善父女關係。在此，海老師有幾點建議給離異後矛盾衝突依然嚴重的單親爸媽們：

（1）獲得監護權不等於獲得了在孩子心目中另一方的人品和形象的決定權，一個懂得尊重別人的人更能獲得別人的尊重。對於離異家庭的孩子來說，尊重母（父）親的父（母）親更值得敬重和親近。當愛已不復存在，且連最起碼的尊重也難以做到時，那麼請盡力保持沉默，讓時間說話，讓真偽自現。同時也等於給了孩子接受現實的緩衝時間，避免孩子的牴觸情緒進一步增強。

（2）站在孩子的角度考慮探視問題。距離和形式上的阻隔只能讓思念更濃更強烈，越是得不到的東西就越是渴望。感情的需求更是如此，更何況在孩子任性撒嬌的年齡剝奪了可以任性撒嬌的對象，對於孩子來說猶如一朵鮮花被丟棄一邊無人理睬任其枯萎一般殘忍。孩子需要母愛（父愛）的滋潤才能健康快樂地成長，愛孩子，請給予孩子獲得母愛（父愛）的權利。

（3）雖然父母雙方都疼愛孩子，但監護方更多地肩負著為孩子提供良好生活環境的責任和義務。良好的生活環境不僅指物質上的給予，更重要的是精神需求的滿足。父母雙方應放下恩怨，積極商議孩子的探視問題才是對孩

子實實在在的愛。任何一方為滿足孩子情感需求所做的努力，都會像陽光一樣溫暖孩子的小小的心房。父母雙方應設身處地地想孩子所想，強化孩子的被認同感，這種被愛、被認同感正是孩子自動打開心靈之窗的催化劑。

（4）獲得關心和施予關心都是孩子和非監護方的正當權利。孩子總是在被愛中學會愛別人，在被尊重中學會尊重別人。當雙方矛盾衝突真的到了難以相互面對時，不妨先允許孩子從電話聯絡、郵件或簡訊開始與另一方聯繫，逐步過渡到定期探視，進而讓非監護方參與到孩子的生活中來，讓孩子獲得完整的親情。切忌將對對方的仇恨強加到孩子身上，用隔離懲罰非監護方時，你也是在強迫孩子承受隔離之苦。

可以更好

小宇是楊莉的兒子，他是一名國中二年級的學生，性格開朗，多才多藝，成績很突出，他尤其喜歡物理，經常在物理課上與老師辯論一些科幻小說中的物理現象。雖然有時候令老師瞠目結舌，但老師卻很喜歡小宇肯動腦筋善於思考的鑽研勁頭。小宇很喜歡幫助同學，同學們都喜歡與他玩。

這位陽光男孩，在上小學三年級時，經歷了一次家庭變故。小宇剛上三年級，父母之間突然矛盾激化，吵鬧不斷。可憐的他在父母的爭吵中吃飯、睡覺都沒了規律，常常被父母的吵鬧聲嚇得哇哇大哭。幸運的是，爺爺奶奶沒有冷眼旁觀，他們及時將小宇接到自己的住處，將他暫時與那個噩夢般的小家隔離。最終，小宇父母還是選擇了離婚，但孩子撫養權歸誰卻一直協議無果，雙方都不願讓出撫養權。最終，爺爺奶奶再次出面召集父母兩人來商議，商議結果為撫養權歸爸爸，但孩子就生活在爺爺奶奶家。爺爺奶奶的理由是他們現在身體還好，照顧小宇沒問題，這樣也是方便兩個人隨時來看望孩子。同時，爺爺奶奶對小宇父母提出了強制性要求：一是不准在孩子面前指責對方；二是媽媽至少一週來看望孩子一次；三是重要節日至少有一人陪伴孩子活動。就這樣，小宇爸爸每天下班就回到父母家與小宇一起吃飯、看他做作業，直到晚上睡覺才回到自己的住處。小宇媽媽每週一次的看望從不間斷。剛開始時，小宇的爸爸和媽媽見面還需要在孩子面前掩飾自己對對方的不滿，克制情緒，碰面時心裡很彆扭。慢慢地，他們發現克制的情緒真的

消失了，不那麼衝動和委屈了。看著孩子在爺爺奶奶這兒被照顧周到，教育得當，孩子的情緒也很好，他們的敵對情緒逐漸消除了。後來，他們偶爾還在孩子的爺爺奶奶家裡同桌進餐，討論起孩子的教育問題自然也多了起來。

對小宇來說，這種生活格局沒讓他感到缺少什麼，父母依然愛他，爺爺奶奶對他的關愛也是一如既往。學習生活上遇到問題，他隨時都可以求助於爸爸或媽媽。對小宇而言，爸爸媽媽就在身邊。隨著年齡的增長，父母曾經的爭執和相互敵視已經淡出了他的記憶。

滴海藏箴

1. 作為男人的一生，是兒子也是父親。前半生兒子是父親的影子，後半生父親是兒子的影子。

——賈平凹

2. 媽媽是我最偉大的老師，一個充滿慈愛和富於無畏精神的老師。如果說愛如花般甜美，那麼我的母親就是那朵甜美的愛之花。

——史提夫·汪達

3. 全世界的母親多麼的相像！她們的心始終一樣。每一個母親都有一顆極為純真的赤子之心。

——惠特曼

三 感謝曾經的她

心語故事

海老師有緣結識了一位單親父親，她迫不及待地想跟大家分享這位父親的故事，希望能為離婚的人們帶去些許安慰。

老夏是海老師在一次學術會議上認識的一位單親爸爸，他有一個馬上要考高中的女兒。三年前妻子提出離婚，當時他感覺丈二和尚摸不著頭腦，認為妻子在無理取鬧，心想：剛結婚時我們什麼都沒有，經過這些年的努力家

裡什麼都不缺了，居然突然提出離婚，是不是腦子出了問題？然而妻子平靜地告訴他，前些年生活艱苦，自己累死累活地支撐這個家，總還是對他抱著一線希望，希望等他事業有成了會轉移些心思到家裡、到她和孩子身上。但是現在，她決定不再等下去了。

離婚後，柴米油鹽都得老夏親自操持。老夏回家沒有了現成的飯吃，還要操心女兒的衣食住行等問題，再沒像以前一樣回家就懶洋洋地躺在沙發上的機會了。加上工作壓力，他的神經每天都緊繃著。有時，工作時也會想到家裡缺什麼了，女兒學習生活中又遇到什麼問題了，這使得老夏工作效率降低，身體也大不如前。有時老夏從超市出來提著大包小包往家裡走，腦海裡會閃現曾經的妻子常常吃力地提著這些東西走在回家的路上，回家後馬上又為他們煮飯打理家務的情景。老夏回想起來連換水龍頭、換燈管等事自己都從來不幫忙。老夏說，結婚後，妻子為家為我所做的一切，我都認為是理所當然的。

而如今，他說當初的自己是多麼冷漠無情，不懂得呵護和珍惜。現在想來，如果不是她的默默付出和奉獻，也不會有自己事業上的小小成就，真心感謝曾經有她！

原來如此

從老夏的敘說來看，他們夫妻在相互理解、溝通交流以及對婚姻的期望上，彼此間存在偏差。

婚姻是男女結成夫妻關係的行為，是家庭成立的標識。心理學上將夫妻關係分為愛情型、功利型、平等合作型、分工型、惰性型、失望型、一體型。而現實生活中的夫妻關係往往是以上關係的複雜混合體，只是每對夫妻關係中所含各種類型的比例不同而已，而不同的比例以及需求滿足程度決定了婚姻生活質量。滿足程度與期望值的矛盾會促成夫妻彼此心理的不平衡、對立、背離，甚至造成心理衝突。當心理衝突嚴重激化時，婚姻危機就隨之而來。

美好的婚姻就像一朵花，令人豔羨。但它的盛開需要夫妻共同用心呵護、用情澆灌、認真培育。它是真誠相待、相扶相伴、相互體諒、辛勤付出的結果，

轉角遇到幸福：寫給單親爸媽

上篇 告別昨天

它的成長需要夫妻共同的智慧。幾乎每個人都是懷著愛情，漾著激情走進婚姻的。但隨著時間流逝，隨著柴米油鹽醬醋茶的磕碰，激情漸漸消逝，婚姻走向平淡。平淡是真實的，也是乏味的，智慧的夫妻懂得如何給平淡製造浪漫，為婚姻增鮮，為生活增色。當愛情經歷了變為親情的平淡過程後，婚姻中的兩個人才能體會「執子之手，與子偕老」的韻味，才能感受「你若安好，便是晴天」的情愫。淡淡的，卻很真切，是樸實無華的牽掛。

不同性別對婚姻的期望不同，通常多數男性希望女方能夠主持家務，照顧家庭，孝順老人等；女性則希望男方事業有成，寬容大度，體貼入微。但隨著女性社會角色的轉換，她們一樣承擔著一份社會工作，完全承擔家務將顯得力不從心。所以，家庭成員尤其是丈夫要學會分擔、做好角色轉變，例如在外是主管，在家則是丈夫、兒子、父親等。夫妻共同分擔日常瑣事，這種共同分擔的行為在減輕妻子負擔的同時調和了家庭氣氛，增強了相互的信任和理解。

和睦的夫妻一般具備兩種能力，有效溝通和化解矛盾衝突的能力。其中溝通又是最基礎最重要的一項能力，夫妻溝通也要講究方法，多傾聽、接納、澄清、共情，多用「我」開頭的句子，論事的同時也表示了誠意，會讓溝通更輕鬆、更容易。有效的溝通減少了矛盾衝突發生的可能性，可增進相互理解，為婚姻保鮮增色。

溝通祕笈

聽完海老師的一番分析，老夏對未來的婚姻還是有點迷茫。下面由海老師為同樣迷茫的單親爸媽們分享幾點夫妻溝通祕笈吧！

（1）夫妻溝通中切忌用命令的口吻。如夫妻說話使用「你應該」「你給我」等開頭的語句時，對方會有強烈的「被命令」感，會覺得自己在家裡沒有地位。同時，這種語氣會讓人感覺到對方不尊重自己，從而產生牴觸情緒，阻礙事情的順利解決。長期用這種強硬的命令口氣說話，隔閡自然產生。

（2）婚姻中切忌居功自傲和「大男子」「嬌小姐」個性。兩個人組合成一個家庭，就是平等的兩個成員。雖然擔任角色不同，賺錢能力不同，但對

家庭的貢獻是一樣的。由於社會傳統和分工原因，男性賺錢相對於女性來說機會要多些。但是，不能因為自己為家庭賺錢多，回家就擺出一副「大功臣」的姿態，對妻子指手畫腳。同樣有一份工作的妻子，除了保證工作外，還承擔著家庭柴米油鹽的生活瑣事。也正是這些無法細數的家庭瑣事的順利解決，才使得整個家庭其樂融融，因此一個會持家的妻子比一個會賺錢的丈夫更能營造家庭幸福感。而作為妻子，更不能總打著男女平等的旗號或者想著結婚前我是父母的掌上明珠，逃避家務，推卸作為妻子該擔當的家庭責任。

（3）不要用放大鏡的眼光來看待家庭問題。夫妻間有點摩擦，或生活中遇到小小矛盾是很正常的，不能小題大做。比如丈夫因為工作忙得焦頭爛額，疏忽了對妻子的體貼關懷，妻子就開始猜想、抱怨丈夫不愛自己了。男人多半是粗線條的，尤其工作忙碌的男性，他們不像女人那樣心思細膩又敏感。

（4）明確說出你的需求。夫妻關係是一切關係中距離最近的關係，堪稱親密。既然是親密的關係，為什麼不能有什麼說什麼呢？有事情應該說出來，不要藏在心裡積怨成恨。更何況，不說出來對方怎麼知道你的想法呢？夫妻間說話談事最忌「捉迷藏」，尤其是男性，喜歡簡單明瞭，這樣做也符合夫妻間應該坦誠相待的原則。不過，要注意溝通的方式方法，同一件事採用不同的交流方式，會產生完全不同的結果。

最後，懷著感恩的心，感謝她（他）。因為有她（他），你的生活才那麼精彩。

可以更好

楊剛是一位細心的單親爸爸，他不僅待孩子體貼入微，對待朋友也是關懷備至。

楊剛曾經有一段幸福的婚姻生活，那段生活至今讓他感念。結婚前幾年，由於楊剛夫妻兩人都來自農村，經濟基礎差，他和妻子苦心打拚，一切從零開始。那些年，每添置一件家具都會讓他們幸福很久。隨著楊剛事業的蒸蒸日上，同事的尊敬、社會的尊重隨之而來，女兒的降臨也為他們的好日子添

轉角遇到幸福：寫給單親爸媽

上篇 告別昨天

了彩。由於應酬日漸增多，工作也越發繁忙，回家後楊剛總想卸掉一身勞累徹底放鬆，所以他幾乎是不插手家務的。

三年前楊剛的婚姻走到盡頭。楊剛的妻子說，結束就是想讓那種身心俱疲的感覺早點離開。剛離婚時，一下子面對很多家庭瑣事，楊剛感覺難以適從。在磨練中，他也開始學著換位思考，明白了當初是因為有個能幹的妻子，家裡被打理得溫馨舒適，他才能全身心地投入工作。現如今，女兒已經13歲開始懂事了，楊剛從來不在孩子面前說前妻的不好，相反，他常常會在孩子面前誇幾句前妻的能幹，並特意安排時間讓女兒去見前妻。有時候和女兒聊天，楊剛會跟女兒講他和前妻以前的事，告訴女兒，她的媽媽曾經是如何支持他工作的，如何將這個家裝點得溫馨又浪漫。每當這時，女兒總是會拍拍楊剛或者擁抱楊剛一下，父女倆彼此都有小小的感動。他說，很欣慰前妻的現任老公比自己更懂女人更體貼，前妻年紀大了，不能再像年輕時那樣辛苦了。懂事的女兒狡黠地對著楊剛笑笑說：「我會把你的話轉達給媽媽的。」

滴海藏箴

1. 幸運並非沒有許多恐懼和煩惱；厄運也絕非沒有許多的安慰和希望。

——培根

2. 人生猶如一本書，愚蠢者草草翻過，聰明人細細閱讀。為何如此，因為他們只能讀它一次。

——保羅

3. 如煙往事俱忘卻，心底無私天地寬。

——陶鑄

4. 生活真像這杯濃酒，不經三番五次的提煉呵，就不會這樣可口！

——郭小川

四 哭夠了笑一笑，沒什麼大不了

心語故事

劉莉來到心理諮詢室時，她說：「命運太捉弄人了，我要崩潰了，我不能就這樣下去啊！」

原來，劉莉的丈夫是因癌症去世的。

劉莉與丈夫是在一次朋友聚會上認識的。第一次見面她就被丈夫的陽光開朗所吸引。他們相識相知結婚生子，九年的時間裡，一家人過得幸福美滿。丈夫工作踏實又勤奮，收入頗為可觀。丈夫對劉莉的關心和照顧也是無微不至的，做爸爸的他更是兒子心目中的英雄，一家人無憂無慮地生活在甜蜜的幸福中。

丈夫突然被查出患了癌症，雖然感覺幸福小屋片片瓦落，但劉莉說，當時她完全不去想以後會怎樣，心中只有一個信念：「傾盡所有，救活丈夫。」她相信丈夫不會離開他們的。丈夫住院五個月，她每天來回奔走在醫院和家之間，晚上守著丈夫打個盹就算是睡覺。丈夫和兒子都需要人照顧，好在有婆婆在家幫著照顧兒子，自己才能更多地照顧病痛中的丈夫。那時候，她唯一的精神支柱就是「丈夫會好起來的」。但現實是殘酷的，因為高昂的醫療費用，劉莉很快花光了家裡所有的積蓄。而且因病情惡化，不到半年，丈夫就離開了人世，離開了劉莉和兒子。

丈夫走了，睹物思人的折磨一刻都不曾離去。劉莉白天對著孩子和婆婆強顏歡笑，夜晚常常淚濕枕巾，失眠、精神緊張、疲憊的狀態加重了工作的辛苦。劉莉說，這種狀態常常讓自己處於崩潰的邊緣。

原來如此

聽完劉莉的訴說，海老師明白，劉莉正在經歷著突發災難後的壓力調整，這種調整所需的時間因人而異。壓力是機體在各種內外環境因素刺激時所出現的全身性非特異性適應反應，又稱為壓力反應。夫妻恩愛的劉莉遇到丈夫的突然離世，對她來說，無疑是一場災難性的打擊。突遇災難後受到心靈創

轉角遇到幸福：寫給單親爸媽

上篇　告別昨天

傷的個體會產生孤立無助感，當壓力無法釋放時，會表現出精神緊張、失眠、乏力等症狀，嚴重的還會產生絕望感。

壓力反應發生的強度、持續時間與事件性質、個人社會文化背景（如文化傳統、生活態度和信念）、個體的易感性、人格特徵、智力水平等相關。有些突發事件除了會給當事人帶來身體上的傷害以外，還會給當事人心理和精神帶來更大、更嚴重的傷害，並且會由此造成當事人的思維方式、情感表達、價值取向、生活信念以及對生命價值的看法等許多人格上的長遠變化。當個體陷入嚴重超負荷的心身緊張性反應狀態中時，機體內、外平衡被打破，導致廣泛的精神痛苦。這狀態會影響人際交往、工作與生活，導致生活質量下降。

創傷性事件發生後，社會支持至關重要。社會支持系統，如配偶、其他家人、朋友、同事、上級等都應該積極提供援助。遭遇創傷的個體應積極尋求幫助，不能封鎖自己，獨自承擔。故事中的劉莉，當遇到痛失丈夫的災難性創傷時，沒有尋找親人、朋友、同事等重要的社會支持系統的幫助，而是將自己封閉起來任憑思念折磨，無助和痛苦導致其失眠、精神緊張，造成她的疲憊和幾近崩潰。

現實生活中災難隨時發生，當遇到災難時個人個性直接影響著後期結果。性格外向型的人善於傾訴，容易找到社會支持系統的幫助。重塑精神支柱也很重要，如劉莉失去了丈夫，兒子自然應成為自己的精神支柱和寄託，當重新確定了奮鬥目標，注意力也會有所轉移；每個人難免會遇到困難或災難，日常生活中注意塑造堅韌不拔的個性，遇到困難和厄運時就較容易克服而且能夠從容對待。

溝通祕笈

聽完海老師的分析，劉莉情緒稍稍緩解。下面是海老師送給劉莉的解壓方法，希望對所有有相似經歷的單親爸媽們都有所幫助。

（1）親人離世，悲痛是肯定的，有一種疏解方式叫宣洩，宣洩了你會覺得舒暢些。如果不哭出來，痛苦就是留在身體裡的定時炸彈。三十分鐘的放

聲痛哭，可能會改變以後三十年的生活狀況。這個時候最好的良藥是眼淚，哭出來了，情緒才能得到釋放。哭完了讓自己靜坐幾十分鐘，回憶曾經的美好，為之畫下一個句號，思考一下以後的路該如何走，並簡單做個規劃。

（2）找個好姐妹（兄弟）痛快地傾訴一場，說說丈夫（妻子）曾經對你的好，說說你的思念你的痛苦。靠著姐妹（兄弟）哭一場，哭完了，擦擦眼淚，你發現了嗎？痛苦像是被分掉了一些，感覺輕鬆了許多。

（3）絕不能封閉自己，獨自品嚐痛苦。鼓勵自己積極參與朋友聚會、親友團聚、公司社交等活動，在分散注意力的同時不迴避現實問題，如實說出自己的感受，既不誇大也不隱瞞自己的痛苦，從而得到親友、同事的真誠幫助和鼓勵。

（4）勇敢走進健身房，做一套鍛鍊計劃。適當強度的機械運動，能釋放精神壓力，緩解精神疲勞，有助於睡眠。同時，伴著或激昂或舒緩的音樂，看著別人活力四射、精力充沛的狀態，一定程度上也能激發自己的神經興奮起來。出了健身房，心情定然好多了！

（5）重新梳理生活是必須的。現在的你承擔著父母雙親的重擔，你的寄託是孩子的健康快樂成長！因為曾經和現在依然愛你們的人，都希望你和孩子能生活得幸福快樂！逐漸從悲劇中走出的你會發現自己成長了。

可以更好

秦藝是海老師同事的妹妹，如今也是年過四十歲的人了。十年前，她的丈夫是一位貨車司機，經常外出跑長途，收入可觀，秦藝過著安逸自在的生活。某天，丈夫突然肚子疼，到醫院檢查結果是肝癌，秦藝陷入了無盡的無助恐慌中。她多方籌錢為丈夫治病，花光了家裡所有的積蓄卻依然沒能挽留住丈夫的生命，家裡的頂梁柱轟然倒塌，還欠下了一大筆債務需要償還，整個家庭陷入絕境。

從沒有出去工作過的秦藝沉浸在悲痛中，看著沒了笑臉的女兒，秦藝突然意識到自己肩負的重任。她開始強迫自己走出家門找工作，經歷多次的尷尬碰壁，她都沒有放棄。最終，她在營銷工作中找到了自己的一席之地，從

轉角遇到幸福：寫給單親爸媽
上篇 告別昨天

此兢兢業業地工作，維持母女生活，並且一做就是十年。那些年，隨著工作逐漸走上正軌，收入也越來越可觀，她整個人變得樂觀開朗起來。媽媽的陽光心態感染著女兒，母女倆的小家也開始經常迴蕩起歡聲笑語。女兒菲菲深受秦藝堅強樂觀的鼓舞，學習成績穩定提高。時間飛轉，菲菲已經臨近大學入學考了，秦藝問她是否有信心，她認真地說：「媽媽能做好銷售工作，我就能克服學習困難，同時揮了揮拳頭喊著，「向著理想前進！」看著女兒，秦藝淡淡一笑。談及當年丈夫的去世，秦藝說當時覺得萬念俱滅，生活突然沒了著落。後來意識到孩子也失去了爸爸呀！自己怎能不如一個孩子堅強呢？就這樣，秦藝從一開始的跌跌撞撞到現在的得心應手，轉眼就是十年。現在回想起來似乎也沒什麼了，挺過來了回頭看，真有柳暗花明又一村的感覺！

滴海藏箋

1. 人生的道路都是由心來描繪的。所以，無論自己處於多麼嚴酷的境遇之中，心頭都不應為悲觀的思想所縈繞。

——稻盛和夫

2. 烏雲後面依然是燦爛的晴天。

——朗費羅

3. 永遠以積極樂觀的心態去拓展自己和身外的世界。

——曾憲梓

4. 當生活像一首歌那樣輕快流暢時，笑顏常開乃易事；而在一切事都不妙時仍能微笑的人，是真正的樂觀。

——威爾科克斯

5. 我相信過，如果懷著愉快的心情談起悲傷的事情，悲傷就會煙消雲散。

——高爾基

五 不一樣的精彩

心語故事

　　海老師的朋友筠筠打來電話，聲音永遠是那樣悠遠綿長：「忙什麼呢？請你幾次了都不過來，今天有個老朋友要介紹給你，一起過來喝茶嘛！」放下電話，海老師心想，自己要是也能像筠筠一樣，辭了工作，有個體貼的老公做後盾是件多幸福的事啊！筠筠因為身體原因辭了工作後，培養了喝茶、書法等興趣愛好，古琴也大有長進，生活真是有滋有味啊！

　　進屋時筠筠已在地上擺好了茶具、蒲團。才落座，門口就傳來爽朗的說笑聲，海老師回頭一看，等在門口的筠筠接過了一位女士的包。海老師幾乎認定，她肯定和筠筠一樣有一個幸福美滿的家庭。三人互相打過招呼後，海老師知道這位女士叫張玫。

　　讓海老師沒想到的是，張玫於三年前離婚了，離婚時她拚了命才得到了女兒的撫養權。她說，雖然離了，但原來的三口之家還剩兩個，占多數，自己還是很知足。發現丈夫出軌後她和很多女性一樣，為了給女兒一個完整的家庭，她選擇了原諒，原諒的結果卻是他的故伎重施。丈夫的出軌像魔咒般籠罩著自己的生活，面對傾注了多年的心血如今卻面目全非的家，屈辱讓她無法憧憬以後的生活。她說，仔細思量過，不離婚肯定沒有幸福，離了也不一定能找到一個更合適的，但「不一定」就是還有希望，所以，她選擇離婚。她說自己一向粗心，對數字也不敏感，不知道家裡到底有多少錢。但最後分給她的錢肯定不到全部財產的三分之一。她說自己已經不在乎分到多少財產，反正當初與他結婚也沒圖他的錢，只求離婚後那個有出軌嗜好的男人與自己再沒有關係，她不再掙扎著生活就夠了。張玫說，當時很希望有機會帶著孩子到另一個城市工作，這樣就可以永遠不再相見了。她又笑著說，幸虧沒有這個機會，要不然，就剝奪了女兒見他爸爸的機會了。現在，她想做什麼不用與「丈夫」商量，只需考慮會不會影響女兒的生活，如何能讓女兒生活得更好就行。孝敬父母也不用去權衡家庭成員之間的平衡，她很喜歡現在這種狀態，也很知足。

轉角遇到幸福：寫給單親爸媽

上篇 告別昨天

張玫是一名小學美術老師，目前自己創辦了一個藝術中心，用她的話說就是，「與女兒的生活自由快樂，豐衣足食」。

原來如此

經過張玫的一番說明，海老師看得出她性格開朗，善於談吐，是那種心裡藏不住事的人。這種性格，愁也容易樂也迅速。海老師發現對於婚姻，張玫有自己的執著也有自己的灑脫。婚姻是什麼？為什麼有些人因為它的存在就幸福，而有些人卻在放棄婚姻後享受到另類幸福？

從形式上看，婚姻是男女結成夫妻關係的行為，是家庭成立的標誌，實質上它更是經濟、繁衍、愛情的相互需求。夫妻關係在一定程度上表現為互惠關係，當這種互惠互補的關係失去平衡時，婚姻危機就產生了。大致表現在夫妻經濟能力與家務分擔不均又不互補時；夫妻不能生育，尤其女方不能生育時；夫妻一方不再愛對方時等等。當然，現實生活遠不如此宏觀，婚姻家庭、夫妻生活牽扯到方方面面很多細微的事情。

在談到婚姻中的互惠和互需的滿足時，很多有失敗婚姻經歷的人都很不解。對方不是曾經說過「愛你是無條件的」嗎？不是說婚姻是對愛人的無私奉獻嗎？對方不是承諾過「我是他的全部」嗎？對方不是說一定會讓我幸福的嗎？沒錯，所有這些婚前承諾和誓言也都是因為愛，但當人們真正走進婚姻時才發現，婚姻家庭生活更多的是相互體諒，被愛時也要愛別人，學會奉獻和付出，學會讓步，彼此改變，適應對方，等等。婚姻出現危機，我們往往只揪著結果歸因，比如他（她）出軌了，常歸因為他（她）不愛妻子（丈夫）了，他（她）的人品有問題，等等。而實際上，造成結果的原因卻是長期積累、逐步形成的，和自身有著必然聯繫。

當離婚成為定局時，要學會接受，試著回顧以前生活的點點滴滴，做個「自我檢討」。如果認定自己是受害方，檢討自己固然不易，但當你能真正檢討時，你會發現原來你自己也有做得不足的地方，或許你會收穫一份釋然。這份釋然能卸去一部分怨恨，讓你更輕鬆地面對以後的生活，也有助於你激發快樂細胞，發現快樂尋找幸福。你會發現，原來放手後，也有別樣精彩！

溝通祕笈

張玫的精彩生活感染著海老師，海老師總結了幾點經驗獻給各位單親爸媽們，希望大家也能將單親生活過出不一樣的精彩！

（1）能有愛人相伴自然好，如果沒有了，也要活出自己的尊嚴，做個獨立的單親爸（媽）。單親是一種無奈，但以淚洗面、怨天尤人會傳遞給孩子一種無助感。要記住，做了單親爸（媽），你就是孩子最直接的榜樣，是孩子的支柱。你倒下了，孩子依靠誰？

（2）陪伴著孩子一天天長大的單親爸（媽）們，一定是和孩子一起學習和成長的夥伴。用孩子般單純和容易快樂的心情來經營生活，你會發現其實生活會回報你很多很多。單親爸（媽）們要學會和嘗試接受幫助，不必掩飾單親身分。每當週遭的朋友、親人、同事甚至陌生人伸出援助之手時，單親爸（媽）們要相信他們是善良熱心的，因為任何一個家庭的爸媽們都理解你的偉大。

（3）單親爸（媽）們不要因為孩子而刻意限制自己的交際圈，朋友、家人聚會，參加各種活動都是孩子觀察、學習和成長的資源。單親爸（媽）們要充分利用社交資源，積極加入活動圈，如茶友圈、登山圈、單親圈等，豐富自己的生活，借鑑更好的生活經驗。單親爸（媽）們不能因為自己是單親就沒有了異性朋友，相反，為了孩子，單身的生活應當是多姿多彩的，而生活中的異性朋友正好填補孩子生活的角色缺失。並且單親爸（媽）們要處理好探視問題，孩子快樂，你才會更快樂。

（4）努力經營自己的事業刻不容緩。成功的事業，保障了你和孩子的經濟需求，增加你的自信，展現你的獨立。這一切都會給你和孩子增添無窮的勇氣，孩子以你為榮，為你驕傲。

可以更好

海老師還記得曾經在報上讀到一位單親媽媽講述的關於自己多彩的單親生活的故事。大致回憶如下，與單親爸媽們共勉。

轉角遇到幸福：寫給單親爸媽

上篇 告別昨天

程小姐離婚後才發現自己懷孕了，家人朋友勸說她墮胎，而她卻堅定地選擇了留下孩子。事業初上正軌，年齡不到三十的程小姐，選擇了做單親媽媽，這讓大家無法理解。很多單親媽媽至少在懷孕待產的過程中享受過丈夫及家人的關愛，而她從懷孕開始就由自己一個人承擔。父母一方面不同意她生孩子，另一方面不停地逼婚，直到臨產前才最終讓步。程小姐十月懷胎，感受著孩子一點點長大的幸福，也經歷著一般人沒有經歷的磨練。

由於是未婚生子，程小姐的產假也比別人少。生產後的第二個月，她就正常上班，並被安排到外地工作。由於想兒子，她常年奔走在回家和上班的路上，一有假期就往家裡跑。與孩子聚少離多的日子中，她最擔心的是兒子會不會因此疏遠自己。每次回家程小姐都給寶寶拍一大堆的照片，工作閒暇時就翻出來看。程小姐說，一天要看七八遍。看著兒子從咿呀學語到蹣跚學步，再到唱歌誦詩，兒子成長的點點滴滴都讓她感動和滿足，看著兒子她覺得有無窮的力量和勇氣去克服任何困難。雖然自己暫時還沒有什麼經濟壓力，但考慮到兒子的將來，她還做起了兼職。

如今兒子已經快三歲了，談及自己日後的生活及兒子的教育，程小姐說：「我真沒想過一定要找個男人過日子，我覺得這樣也挺好的，當然，愛情真的來了我也不拒絕！我相信只要自己教育得科學合理，兒子同樣可以健康快樂成長。」她說她相信糟糕的婚姻對孩子的傷害勝過單親。她還開玩笑地說：「到目前為止，我自認為活得還算精彩，至少沒有讓兒子丟臉！」程小姐的樂觀上進激勵著不少單親爸媽！

滴海藏箴

1. 害怕，這是我們唯一應當害怕的東西。

——富蘭克林·羅斯福

2. 如果你是懦者，你自己乃是你最大的敵人；但如果你是勇者，你自己乃是你最大的朋友。

——弗蘭克

3. 由於缺乏一點兒勇氣，許多有用的才幹都在這世界上消失了。

——佚名

4. 我給我母親添了不少麻煩，但是我認為，她對此頗為享受。

——馬克·吐溫

5. 假如生活欺騙了你，不要憂鬱，也不要憤慨！相信吧，快樂的日子就會到來，心永遠憧憬未來。

——普希金

第三章 傷痛會過去親情不會改

霍爾特曾說：「追求幸福，免不了要觸摸痛苦。」人們追求婚姻的幸福，卻可能一不小心觸摸到離異的痛苦。好在再深刻的痛苦總會有「失效期」，疤痕雖在，傷痛卻會痊癒，婚姻的傷痛亦如是。儘管婚姻破裂，但父母與孩子春暉寸草、舐犢情深的親情卻不會更改。

作為離異婚姻的家長，我們有責任用心、用情、用智慧竭力讓孩子體會到「傷痛會過去，親情永不改」。在接下來的故事中，你會看到單親爸媽說出對兒女的愛，鼓勵子女講出自己內心的感受，耐心解答他們各種「奇怪」的問題，拂去孩子「因為我，爸爸媽媽才離婚」的心理陰影，並讓孩子時刻感受到來自爸爸媽媽不變的愛。期待你也能夠像他們一樣，放低「居高臨下」的姿態，真正進入孩子的世界，做他們內心的傾聽者，成為孩子可以依靠的「大樹」。

拜倫曾感言：「一切痛苦能夠毀滅人，然而受苦的人也能把痛苦消滅！」文中最後一則故事裡，小同的媽媽用自己的堅強和不屈告訴我們：傷痛總會過去，親情是永遠不朽的存在。放下過去、立足現在、善於溝通、重拾信心，離異家庭只要走出陰霾，也可以獲得幸福。

轉角遇到幸福：寫給單親爸媽
上篇 告別昨天

一 你永遠是我們最愛的寶貝

心語故事

海老師十分清楚單親家庭需要面對的種種問題，箇中的酸甜苦辣、喜怒哀樂只有身臨其中的人才可能體會。尤其是在家庭破裂的初期，無論是大人和孩子，都需要經過相當一段時間的適應。作為一名心理醫生兼單親媽媽，海老師會不定期地舉行「單親家長面對面」活動，與面臨困擾的單親父母們近距離交流，用自身的經歷和專業知識為家長們提供建議。

這期的活動一開始，一位單親媽媽便淚流滿面地講述自己面臨的問題。三個月前，由於丈夫陳先生好吃懶做，對家裡的事情漠不關心，宋女士在經過激烈的內心交戰後決定與陳先生離婚。他們有兩個兒子，大兒子剛大學畢業在外地工作，小兒子豪豪10歲，上小學五年級。法院將豪豪判給了宋女士，因為宋女士做建材生意，有較強的撫養能力，而陳先生並無正當職業。由於做生意需要在外奔波，宋女士將外婆請到了家裡，專門照看豪豪。宋女士早出晚歸，雖然與豪豪同住一個屋簷下，可是好幾天才能跟豪豪「碰」上一面。宋女士說自己在外做生意時能夠侃侃而談，回到家面對家人時卻是個不善言辭的人。雖然宋女士平時與豪豪交流得比較少，但是她十分愛豪豪，她想要多賺些錢，給豪豪更好的生活，畢竟她做的一切都是為了豪豪。陳先生雖然在生活中散漫懶惰，可平時對豪豪也是十分地疼愛。離婚後，陳先生覺得自己很無能，沒有顏面面對豪豪，所以都是悄悄地向宋女士打探豪豪的近況，陳先生給豪豪買的好吃的好玩的也都偷偷交給宋女士，並且叮囑宋女士不要告訴豪豪是自己買的。豪豪平時很少與爸爸媽媽說話，卻與哥哥很親近，經常打電話給哥哥。今日，大兒子的一通電話讓宋女士和陳先生不知所措。大兒子告訴他們，豪豪在電話裡哭訴說同學們都有爸爸媽媽關心，而自己是個爹不疼媽不愛的孩子。爸爸不要自己，媽媽也不想要自己，他覺得活在這個世界上沒有任何意義，想要跳樓自殺，那樣就不用再傷心難過了。

原來如此

聽罷宋女士的困惑，海老師讓活動現場的所有單親父母們假想一個場景。在孩子的床前，媽媽（爸爸）低身深情地親吻孩子的額頭：「睡吧，寶貝，媽媽（爸爸）愛你。」孩子同樣回吻媽媽（爸爸）：「媽媽（爸爸），我也愛你。」緊接著海老師問大家，這樣的情景會發生在自己與孩子之間的請舉手，結果舉手的人寥寥無幾。這樣的場景似乎只有在歐美的電影裡才能看到，絕大部分人中國人都羞於直白地表達感情。據調查，很多父母會在孩子3歲以前直白地對孩子說出「我愛你」，3歲之後就很少再說了。原因是父母們覺得孩子漸漸長大，已經能夠感受到父母的愛，不需要父母再直接說出「我愛你」，而且這樣說覺得既不好意思，又顯得有些矯情。其實這些認為對孩子的愛不需要直接表達的父母們走入了一個認識的誤區。「愛」是這個世界上最美好的一種情感，無論是親情之愛、友情之愛還是愛情之愛，都是能夠開出絢麗花朵的種子。「愛」是我們前行的動力，是失敗時的依靠。對孩子來說，家人的愛就是呵護他們健康成長的陽光雨露。作為父母，一定要維持好親子之間的這種「愛」，要將其「發揚光大」。而良好的情感表達是使親子間情感表達更加順暢的「金鑰」。不要認為即使自己不說出「愛」，孩子也應該懂得。大聲地對孩子說出愛，不僅能夠拉近與孩子之間的距離，縮小「代溝」，而且能夠讓孩子產生安全感，使孩子更願意與父母分享自己的感受，減少「問題兒童」的產生。尤其是單親家庭的孩子，本身就容易產生一種「被拋棄」的不安全感，更加需要真切地感受到父母的愛，以便他們透過父母的愛來明確自己的「存在」。

溝通祕笈

聽罷海老師的分析，在座的單親父母們都恍然大悟。海老師緊接著向大家介紹了一種能夠增進與孩子之間「愛」的溝通的方法：「肌膚之親」與「大聲說出愛」。心理學家們曾經做過一個實驗。把一隻剛剛出生的猴寶寶與它的母親分開，分別給猴寶寶找了兩個不同的「代母」，一個是用紙、鐵絲和漿糊做成的與母猴十分相像的「假猴」，另一個是一塊絨毯。結果發現，猴寶寶更喜歡與絨毯「玩耍」，而對「假猴」卻並不十分感興趣。透過這個實

轉角遇到幸福：寫給單親爸媽
上篇 告別昨天

驗說明，哺乳類動物在對「愛」的感知裡，「肌膚之親」是很重要的一環。從一定意義上說，「接觸」能讓孩子更清楚地感受到「愛」。因此，父母越多地與孩子親密「接觸」，越有助於與孩子進行親子交流。同時，在培養親子之間的感情時，父母往往是占主導的一方。因此，父母應該主動地對孩子表現出「親近」的舉動，並直言不諱地告訴孩子「我愛你」。這樣，時間久了，孩子也會在不知不覺中受到薰陶，養成親近親人與表達愛的習慣。特別是單親家庭的孩子，「自卑」「不安全感」「缺失感」會加深他們對於「愛」的渴求。當孩子的這種「渴求」不能夠得到回應、滿足時，就容易產生如宋女士的兒子豪豪那樣的絕望感，導致出現極端的情緒。所以，多與孩子進行「肌膚之親」，常將「寶貝，我愛你」掛在嘴邊，孩子一定能夠感受到父母們濃烈的愛。

可以更好

在聽了宋女士的故事和海老師的分析之後，活動現場的另一位單親媽媽明慧說，她覺得海老師闡釋得非常有道理，她願意將自己與丈夫的「育子經驗」與宋女士分享。

明慧雖只有國中程度，不過平日喜愛讀書，是個溫柔善良、通曉事理的女人。兩年前，與丈夫小軍和平離婚。他們並沒有將感情破裂離婚的事情對7歲的女兒朵朵進行隱瞞，而是心平氣和、反反覆覆地向朵朵解釋，直到朵朵接受這個事實。雖然都十分疼愛女兒，但協議離婚時，明慧和小軍並沒有像別的離婚夫妻那樣就孩子的撫養權爭奪得你死我活。他們理性地分析了各自離婚後的工作、經濟、時間等條件，並聽取了女兒的意見，決定讓女兒跟隨明慧一同生活。但是小軍必須每個星期和女兒至少見三次面。儘管明慧跟小軍一再地跟朵朵說明，爸爸媽媽雖然不在一起生活，但是對朵朵的愛永遠都不會變，不過稚嫩而單純的朵朵還是一時間無法適應缺少了爸爸的生活。特別是以前上學放學都是小軍接送朵朵，當小朋友們疑惑地問朵朵為什麼那麼久不見她爸爸時，朵朵心裡尤其難過。看到這種情況，明慧跟小軍也十分著急。他們決定一定要透過生活中的各個細節來讓朵朵感受到爸爸和媽媽的愛。明慧和小軍「約法四章」：

第一，從朵朵出生時，明慧便為朵朵申請了一個網路帳號，堅持定期在網路空間裡面寫有關朵朵成長的日誌，後來由於種種原因便疏忽了更新日誌。明慧與小軍決定，以後明慧堅持每個星期更新一次有關朵朵的日誌，小軍必須瀏覽並為朵朵留言。當然，媽媽的日誌和爸爸的留言是一定要讓朵朵看到的。

第二，明慧在朵朵出門前和回家後，都要給朵朵熱情的擁抱，並對朵朵說「我愛你」；而小軍要每天晚上要向朵朵道晚安，並告訴朵朵「爸爸永遠愛你，你永遠是爸爸的寶貝」。

第三，每兩個星期舉行一次「家庭」聚會，可以是一起吃飯、一起逛遊樂園、一起看電影等。

第四，朵朵的家長會，明慧和小軍輪流出席。在明慧和小軍的共同努力之下，朵朵成長得快樂、健康。

最後，明慧語重心長地說，對孩子的愛，需要用「語言」和「行動」同時去表達。

滴海藏箴

親親的我的寶貝 我要越過高山

尋找那已失蹤的太陽 尋找那已失蹤的月亮

親親的我的寶貝 我要越過海洋

尋找那已失蹤的彩虹 抓住瞬間失蹤的流星

我要飛到無盡的夜空 摘顆星星作你的玩具

我要親手觸摸那月亮 還在上面寫你的名字

……

——周華健

轉角遇到幸福：寫給單親爸媽
上篇 告別昨天

二 孩子，這不是你的錯

心語故事

　　有一天，一位女孩走進海老師的心理諮詢室，她面前桌上的「諮詢者情況表」空無一字，也就是說，她不想留下關於自己的任何資料。海老師打量著她，她大概二十三四歲，臉上有精緻的妝容也無法掩飾的灰暗，衣著暗淡卻不失時髦，呼吸有些倉促，眉頭緊蹙。

　　「我才24歲，但是已經有一個6歲的兒子了，你沒有想到吧？更讓你想不到的是，我並沒有結婚。當初懷了他的孩子，他答應跟我結婚的。很多年過去了，他卻一直沒有兌現他的諾言。從一年前我因乳腺癌切掉雙乳的第二天起，他便失蹤了。」

　　「那麼，你今天來的原因是因為他？」海老師問。

　　「不是的，他雖然讓我痛苦，卻不是我今天來的主要目的。我是為了開心，我的兒子開心。當初給孩子取名為開心，是希望無論我經歷了怎樣的痛苦，他都能夠開開心心地生活。可是從去年孩子的父親失蹤時開始，開心變得沉默寡言了，歡快的笑容很少再出現在他臉上。剛開始時，他會經常問我，為什麼爸爸不給他打電話了？為什麼爸爸不來看他？為什麼爸爸不給他買變形金剛？為什麼爸爸會不理睬他和媽媽？起初我騙他說爸爸出差了，等出差回來時就會給他買很多好吃的，和他最喜歡的變形金剛。可是隨著孩子的一次次失望，再一次次反反覆覆地問我同樣的問題，我變得十分煩躁和沒有耐心，甚至有一次還因為他的苦苦糾纏而打了他。再後來，我和開心之間的溝通變得越來越少。一次，學校老師安排了一篇半命題作文，名字叫：《我是一個××的孩子》，開心寫的是《我是一個討厭的孩子》。他認為是自己平時太調皮太不乖，所以爸爸才躲起來不見他，媽媽也才不喜歡他。看了那篇作文之後，我真的很心疼。我不知道如何跟孩子解釋自己犯下的錯誤，如何解釋他爸爸的不辭而別，甚至不知道該怎麼回答他那些沒完沒了的問題。海老師，我該怎麼辦？」

原來如此

年齡在 6～13 歲的小孩子，無論是智力還是心理都處在發育健全的過程中。當出現類似於父母離異、出走、親人逝世等重大家庭關係變故的問題時，很容易產生各種心理問題，如：焦慮、自責、自卑、恐懼、憤怒、極具攻擊性、缺乏安全感等。而焦慮和自責是其中典型的兩種。焦慮是在與人接觸時產生的對困難和失敗的預感程度的指標。離異家庭的孩子在面對家庭關係破裂時，起初是處於困惑與茫然的狀態當中。他們非常渴望回到之前的關係中去，這種動力會激發他們不斷地尋求父母關係破裂的原因。當在尋求答案的過程中遭遇挫折，無法給自己內心一個合理的、舒服的解釋時，孩子便容易表現出焦慮的情緒。就如上文故事中的開心，爸爸的突然消失讓他措手不及，為了弄清楚爸爸消失的原因，也為了爸爸能夠回來，他便不厭其煩地從留在身邊的媽媽那裡尋求答案。當媽媽的答案無法說服開心並對開心表現出不滿與憤怒時，開心便在媽媽的這種威嚴之下退縮了，開始從自身尋找原因，這時自責的心理便有了滋生的土壤。

自責是對個人的品質和能力做出較低的評價，從而產生自我責備、自我輕蔑、自我鄙視等心理。將一切不好情況的出現歸咎於自己的原因，並且對自己所做的事情產生恐懼的傾向，認為自己做什麼都是錯，做什麼都不會成功，是一種極度缺乏自信的表現。離異家庭的孩子由於本身缺乏安全感，更加容易產生自責感，對自己的評價變得很低。他們可能會將父母感情破裂的原因歸結在自己身上，認為是由於自己表現不好而讓父母操心、失望，離開的父親（母親）不是為了要離開母親（父親），而是為了拋棄自己才離開的。他們會認為如果沒有自己，父母會好好地在一起。就像上文故事中的開心，認為自己是導致爸爸「失蹤」的罪魁禍首。在重重的自責感之下性情大變，變得不再喜歡與媽媽交流，沉默寡言，心事重重。

溝通祕笈

針對開心的問題，海老師建議他媽媽不妨從以下兩個方面嘗試一下：

轉角遇到幸福：寫給單親爸媽
上篇 告別昨天

　　（1）保持平和的心態，用一顆平常心來對待自己的遭遇。任何一段關係的破裂都會給當事人帶來或大或小的打擊，更別說是經歷了戀愛、生子的婚姻。分手必定會給夫妻雙方帶來傷痛，這是由情感豐富的人類本質所決定的。然而既然事情已經走到了這一步，局面已經注定，就不要再自怨自艾，更不要總是活在過去的美好，或者是當下的痛苦中，這個時候必須要修煉自己平和的心態。因為，你必須撐起的不僅僅是自己的身軀與意志，還有跟隨你一同生活的孩子。與孩子共同生活的那一方家長的情緒和態度將給孩子造成最為直接的影響。因此，無論你經歷了或正在經歷怎樣的煎熬，一定要保持平和的心態，相信事情走到現在這一步必然有它的理由。學會以一顆平常心來對待自己，來對待陪伴在你身邊的孩子。對於開心的媽媽來說，就是放下過去。開心的爸爸已經做出了他的選擇，不管你願不願意接受，那都是既定的事實。不要執著於過去，不要糾結於為什麼，現下你能做和應該做的就是接受現實，愛惜好自己的身體，保護好開心幼小的心靈。開心已經失去了爸爸，你必須做一個稱職的媽媽。

　　（2）多站在孩子的立場考慮問題，耐心地解答孩子的問題。像開心那樣的6歲的孩子，對世界的認知體系遠沒有形成。當生活中出現某個未知情況時，他本能的反應便是向身邊的親人尋求幫助。對於孩子來說，父母便是自己生活中全能的老師。離異不僅對夫妻雙方來說是重大事件，對孩子來說同樣是。對於夫妻來說，或許生活伴侶沒有了還可再尋找；但對於孩子來講，父母卻是全世界獨一無二無法複製的。因此，單親的父親母親們要多站在孩子的立場去考慮問題。對於孩子的種種疑問，要耐心地解答。因為你們是孩子最信任的人，你們的每一句話都會影響到孩子對事情的判斷。單親父母們，不要動不動就發脾氣，不要用隻言片語來敷衍孩子。對開心來說，開心媽媽需要耐著性子給他解釋爸爸的離開並不是因為他，而是爸爸自己做出的選擇。不管爸爸是不是在身邊，他都永遠是開心的爸爸。並且媽媽永遠不會離開開心，會跟開心永遠在一起。

可以更好

　　海老師的電子信箱收到了一封名為《快樂不停歇，悲傷不再來》的郵件。郵件裡寫道：「海老師，不知道您是否還記得那個二十出頭的單親媽媽，上次與您的一番談話令我茅塞頓開。曾經我認為自己就是悲劇的化身，開心的到來也是我悲劇生活的果實。但我現在想通了，能夠正視自己的經歷了。我相信開心是上天賜給我的最珍貴的禮物。我開始變得開朗起來，開心似乎也察覺到了我的變化。我發覺他現在看我的眼神都變得有神了，跟我交流得也越來越多。我再不會對孩子沒有耐心了。我告訴他，在爸爸媽媽眼裡，他是這個世界上最漂亮最聰明的孩子。爸爸的離開跟他一點關係也沒有，並且無論爸爸在哪裡，都會希望開心成為乖巧懂事的孩子，都會盼望著開心健康快樂地長大。現在，每當孩子詢問我問題時，我都會努力地讓自己站在他的角度去思考問題，這樣，我就能更清楚地理解到孩子內心的想法，也不會再出現急躁的心態。我們現在的生活比我去您那裡尋求幫助前好多了。身邊的鄰居，還有開心學校的老師同學都說開心真的開朗起來了。真誠地感謝您，希望我和開心以後的生活，能夠快樂不停歇，悲傷不再來。」讀罷這封郵件，海老師會心地笑了。

滴海藏箋

　　電影《他不笨，他是我爸爸》簡介

　　山姆是一個弱智患者。一個偶然的機會，他收留了一個無家可歸的女子，並和她生下一個女兒。但是，女兒露西一出世，做母親的就不告而別，丟下山姆和幼女相依為命。露西順利長大了，不但生得漂亮，而且聰明伶俐，雖然只有 7 歲，但她的智力已經超過了山姆。乖巧的露西為了不讓父親傷心，故意遷就父親的智力水平。社會工作者認為山姆不適合再撫養露西，要把露西從他身邊帶走，為她找了一對正常人夫婦做養父母。為了不失去女兒，山姆聘請女律師麗塔幫他爭取撫養權。在官司的審理過程中，麗塔也逐漸釐清了自己的生活。

三 說出來吧，我在聽

心語故事

　　韓叔是海老師的二叔，已經五十五歲。由於身體原因，將近四十歲才與妻子育得一女，取名為甜甜。韓叔與妻子將甜甜視若掌上明珠，疼愛有加。五年前妻子因胃癌去世，從此甜甜便與韓叔相依為命。甜甜是一個性格內向、靦腆的女孩。學習成績雖然不頂尖，但還算聽話懂事，不會惹是生非。妻子在世時，甜甜有什麼心事都會跟妻子訴說，而跟韓叔只聊學習上的事情，沒有太多的話題。妻子走後，甜甜與韓叔依然只聊學習的狀況。可近一兩年，韓叔發現了女兒的變化。女兒不再主動跟韓叔匯報學習的近況了，韓叔問起，她也只是「還好吧」「就那樣」地用隻言片語敷衍。或許是因為進入了青春期，甜甜似乎總是心事重重的樣子。甜甜喜歡上網、看電視，在家的時候要麼在電腦前，要麼在電視機前。韓叔起初以為甜甜就是一個話不多的害羞的孩子，但一次無意間聽見甜甜跟同學打電話聊得特別起勁特別開心，一聊就聊了將近兩個小時。韓叔很是困擾，怎麼樣才能讓甜甜多跟自己說說她內心的真實感受呢？

　　海老師在輔修心理學博士時看到過這樣一個案例：白女士是一家雜誌社的創意總監，與丈夫離婚後帶著5歲的兒子丁丁獨自生活。丁丁性格開朗，活潑可愛。一天早上，他興致勃勃地對媽媽說：「媽媽，我跟你說，我發現我們樓下有一隻可愛的小貓，全身白色的毛……」還未等丁丁說完，白女士扔下一句：「你喜歡貓的話媽媽給你買一隻。」然後，就匆匆上班去了。丁丁還喜歡跟白女士講他在學校發生的事情：「媽媽，我們班今天來了個新同學……」「哎呀，來了個新同學有什麼好奇怪的。」白女士的話像冷水一樣潑向丁丁。「媽媽，我昨天晚上做噩夢了，夢見……」「行了，不就是一個夢嘛，趕緊吃完飯寫作業去吧。」每當媽媽不容丁丁把話說完就表現出不耐煩時，丁丁心裡總是無比地失落……

原來如此

韓叔與白女士的情況分屬兩種不同的類型：一種是父親想要傾聽但孩子不願傾訴，一種是孩子願意傾訴但母親不屑於傾聽。從心理學的角度分析，要解決韓叔與白女士的問題，一是要鼓勵傾訴，二是要學會傾聽。

法國教育家洛克說過：「在讓孩子大聲說出自己想法的過程中，他們的個性得以張揚，心靈得到了放飛，想法得到了解放，自主意識得到了加強。只要給孩子大聲說話的機會，就會還他們以自尊與自信。」鼓勵孩子勇敢地說出自己內心的想法，是父母與孩子成功溝通的第一步。調查研究顯示，兒時成長過程中不願意說出自己心裡話的孩子，長大後在面對他人、面對挫折的時候很容易產生自卑感，並且很難恢復。這種不良的體驗會伴隨孩子的一生，影響到他對自己、對社會的正確看法。因此，鼓勵孩子大聲說出自己內心的感受是非常重要的。

學會傾聽是每一個家長的必修課。心理學家畢淑敏在她的《幸福的七種顏色》一文裡寫道：「傾聽的『傾』字，我原以為就是表示身體向前斜著，用肢體語言表示關愛與注重。翻查字典，其實不然。或者說僅僅作這樣的理解是不全面的。傾聽，就是『用盡力量去聽』。」「傾聽的重要性我認為有必要提到相當的高度來認識，這是一個人心理是否健康的重要標誌之一。」隨著自我意識、情緒情感與道德感的初步萌芽，孩子會因為受到別人的忽視和嘲諷而感到不快，也會因為自己的行為符合了大人的要求而產生愉悅感。在父母與孩子的關係中，孩子普遍願意把自己內心的想法告訴父母，說明他對父母的態度是開放的。如果說父母為了維護自己的權威而對孩子板起臉，或者說表現出對孩子談話內容的不屑一顧，不讓孩子把話說完，就會傷害到孩子的自尊心，引起孩子的不滿，從而使孩子關閉自己的心靈，不願再與父母溝通。

溝通祕笈

人活在世上，說和聽是兩件要務。說，主要是表達自己的思想、情感和意識，每一個說話的人都希望別人能夠聽到自己的聲音。聽，就是了解傾訴

轉角遇到幸福：寫給單親爸媽

上篇 告別昨天

者描述的內心想法，以達到溝通和交流的目的。聽和說像是鯤鵬的兩隻翅膀，必須協調展開，才能直上九萬里。對於單親家庭的孩子，父母們既要鼓勵他們多說，同時也要以平和、親切的態度來傾聽。

方法示例：

一次，美國著名主持人林克萊特採訪一位小朋友。他問：「你長大了想做什麼呢？」小男孩憧憬地回答：「我長大了想當飛機駕駛員！」林克萊特接著問：「要是有一天，你的飛機飛到太平洋上空時，燃料已經用盡，即將面臨墜機的危險，你會怎麼辦？」小男孩思索了片刻回答：「我會讓大家都繫好安全帶，我穿好我的降落傘，先跳下去。」

這時，臺下的觀眾哄堂大笑。林克萊特觀察著這個孩子。這時，兩行淚水從孩子的眼睛奪眶而出，孩子臉上悲傷的表情無法形容。於是林克萊特問他：「可是你為什麼要這麼做呢？」孩子動情地回答：「因為我要去拿燃料，回來救所有的人。」

著名心理學家皮亞傑認為，思維方式上質的不同，是成人與孩子最本質的區別。孩子有自己的思維方式、邏輯和習慣，成人以自己的思維方式做出結論，以自己的標準來訓斥孩子，這其實是不尊重孩子、扼殺孩子天性的愚蠢做法。親切、平和、有耐心地與孩子溝通交流，不要急於下結論，不要盲目地對孩子的話做出判斷。這樣，父母們才能聽到孩子內心深處的最真實、淳樸、善良的心聲。

單親父母們不妨試一下：在與孩子交流時，身體前傾，目光柔和，屏住呼吸地關注孩子的眼神，隨著孩子的情感而思緒起伏。如果孩子談論的是開心的事情，你不妨報以會心的微笑；如果孩子談論的是悲傷的事情，你便和他一起垂下眼簾；如果孩子哭泣了，請你輕輕地將他攬入懷中，深情地親吻他的額頭；如果他久久地沉默，你便和他一道緘口。相信這樣，你一定能夠讓他感受到你對他的尊重、關愛和撫慰。

可以更好

　　石先生是海老師所在城市的知名民營企業家，與海老師在一次慈善活動上認識。他的出名不僅在於他的企業解決了當地人 30% 的就業問題，還因為他成功的「育兒經」。石先生的妻子在為他誕下一對龍鳳胎後不幸因大出血去世。由於對妻子感情深厚，雖有大把機會，石先生依然選擇了單身。除了工作，石先生便將所有時間都花在了女兒思雨和兒子思成身上。石先生十分注重與孩子們的溝通交流，總是引導孩子們勇敢地說出自己心裡真實的感受。平時吃飯，出去玩，給孩子們買衣服、玩具等，石先生都會非常尊重孩子們自己的意願，先讓孩子們說出自己想要什麼、想做什麼。在家的時候，孩子們最喜歡跟爸爸玩的遊戲就是「真心話大冒險」。因為透過「大冒險」的環節不僅可以把爸爸的臉畫成大花貓，「逼」爸爸跳很有趣很滑稽的舞蹈，還能讓爸爸聽聽自己的「真心話」，實現自己「真心話」裡的願望。並且爸爸從來不會因為孩子們說了實話而生氣。比如有一次，輪到爸爸發問，思成說真心話時，爸爸問他：「你最不喜歡爸爸什麼？」思成的回答出乎了石先生的意料：「我最不喜歡爸爸每次到學校都跟班導聊很久。」原來，石先生習慣在接孩子們放學時跟班導師了解孩子們的情況。而這一舉動被其他同學解讀為思雨、思成的爸爸給班導師「塞紅包」，思雨、思成是在「走後門」，因此常笑話他們。為了照顧孩子們的感受，石先生決定以後少跟老師「當面交流」，而改成了打電話。石先生就是透過這種傾聽的方式，理解、照顧孩子的感受，與之建立了良好的關係。

滴海藏箴

　　傾聽使人生豐富多彩，你將不再囿於一己的狹隘貝殼，潛入浩瀚的深海。傾聽使人謙虛，知道山外有山天外有天。傾聽使人安寧，你知道了孤獨和苦難並非只蒞臨你的屋簷。傾聽使人警醒，你知道了此時此刻有多少大腦飛速運轉，有多少巧手翻飛不息。

　　傾聽是美麗的。你因此發現世界是如此五彩繽紛。傾聽是幸福的一種表達，因為你從此不再孤單。

轉角遇到幸福：寫給單親爸媽
上篇 告別昨天

——畢淑敏

四 過來，靠著我的肩膀

心語故事

　　海老師曾在網路上看到過這樣一個令她觸目興嘆的案例。鮑女士在發現丈夫有了第三者並不知悔改的情況下，痛心地離了婚，與11歲的女兒相依為命。為了讓女兒有更好的生活，也為了不讓別人看不起自己這樣一個離過婚的女人，之前一直是家庭主婦的她毅然投入了工作的角色。聽說賣保險能夠賺錢，她便沒日沒夜、口乾舌燥地四處奔波推銷。三四年之後，她終於憑藉著自己的努力和艱辛在公司有了一席之地。她賺了很多錢，支撐她和女兒的這個家已綽綽有餘。這時，她想要找個丈夫，也為女兒找個爸爸。之前她覺得自己條件差，怕別人看不起。現在，她已經有條件了，也有自信了。在經過千挑萬選之後，她選中了現在的丈夫。現在的丈夫經濟條件一般，但是為人倒也憨厚正直。丈夫有個正要上高中的兒子。結婚後，丈夫與兒子順理成章地搬到了鮑女士三房兩廳的房子裡。在鮑女士看來，一家四口的生活倒也平靜。只是，女兒似乎沒有以前那麼活潑了。起初，鮑女士並沒有在意，想著可能是女兒正在適應家裡突然多了爸爸和哥哥的生活。女兒也常在耳邊跟鮑女士說，她不喜歡哥哥。鮑女士也沒有多問，心想可能是孩子以前一個人獨處慣了，需要有一個適應的過程。漸漸地，以前跟自己無話不說的女兒，卻變得跟自己沒有話說了，幾乎成了啞巴，在家裡也顯得特別拘束。一次，鮑女士到公司之後卻發現忘記帶辦公室鑰匙，無奈地折回家時發現家裡沙發上有一小灘血跡。家裡只有一對孩子在家。鮑女士以為是誰受傷了，便把他們叫了出來詢問。只見女兒臉色慘白，卻什麼都不說。這時，兒子撲通一聲跪在了鮑女士面前，原來是他把妹妹強暴了。鮑女士瞬間感到山崩地裂、追悔莫及，她如花似玉的女兒啊！

原來如此

　　調查顯示，離異家庭中有 67% 的家庭是有孩子的。也就是說，每年有許多孩子因為父母的離異而成為單親孩子。離異不僅會給夫妻雙方造成創傷，也會給孩子的心理帶來傷害。

　　其實孩子的內心世界是非常豐富的，對於外部世界的感知也非常敏銳與細膩。儘管有時候他們不會用清晰的語言將自己的內心想法直接明白地表達出來，但是他們對於外部世界的認識卻遠遠超過了大人的想像。單親家庭的孩子往往親眼見到父母感情破碎的全過程，父母的行為使他們對社會的認識產生了偏差，容易產生「所有的大人都是這個樣子的」的假想。加上父母忙於自己的事情而忽視了孩子的情感變化，更加容易使孩子脆弱的心靈無所適從，對外部世界產生抵制和防禦。因此，作為父母，在感情失敗以後，要將更多的愛放在孩子的身上。要留意觀察孩子的一舉一動，注意孩子的情緒變化，為孩子建立一個心理緩衝期。與孩子生活在一起的父母，有責任幫助孩子維護一顆健康的心靈。家長們必須加倍注意孩子們日常生活中的種種變化，當發現孩子有心事的時候不妨讓孩子靠著自己的肩膀，認真地聆聽他的訴說。

　　在鮑女士的案例當中，其實母親早早地便察覺出了「女兒似乎沒有以前那麼活潑了」，但是並沒有在意，想著可能是女兒正在適應家裡突然多了爸爸和哥哥的生活。當女兒很明確地指出自己不喜歡哥哥時，鮑女士也是草草地將原因歸結於女兒的「不適應」。當以前跟自己無話不說的女兒，卻變得跟自己沒有話說了，幾乎成了啞巴，在家裡也顯得特別拘束時，鮑女士依然沒有警覺，直到最後釀成悲劇。其實，鮑女士有很多次挽救的機會，如果在最開始察覺到女兒的變化時她便能夠重視，選擇與女兒好好談談，走進女兒內心世界去尋找導致女兒出現情緒變化的原因，或許，悲劇就能夠避免了。

溝通祕笈

　　對於孩子來說，父母除了是倫理上的親人關係之外，其他關係都需要培養。如果不是血緣關係，父母對於孩子來說與街上的陌生人無異。如果父母總是以一副居高臨下的教育者的姿態出現在孩子面前，會引起孩子的反感，

轉角遇到幸福：寫給單親爸媽
上篇 告別昨天

會使孩子寧願跟一隻蟲子說話，也不願意搭理父母。如果父母能多抽些時間與孩子在一起，看看動畫片，討論討論貓為什麼喜歡吃魚，真正走進孩子的內心世界去看看，這時，父母對於孩子來說就不僅僅是爸爸媽媽，還是朋友，孩子才會願意與你一同分享他內心的奇異世界。倘若你已經與你的孩子建立起了朋友關係，你的孩子願意跟你「無話不說」，那麼恭喜你，你已經獲得了通往孩子內心「神祕之境」的鑰匙。那麼，就請你千萬珍惜「大朋友」這個身分，好好利用手中的那把鑰匙，不要將其束之高閣，要常常主動地打開孩子的心靈之門去瞧瞧。

你不妨嘗試一下從孩子的興趣點著手：如果你的孩子喜歡吃冰淇淋，你可以買兩支，一支給他，一支自己吃。並且跟孩子討論哪種味道好吃、你喜歡吃哪種口味、同學們又喜歡買什麼樣的冰淇淋。這雖然是一件很小的事情，但是只要你方法得當，就可以與孩子在一個共同的小世界裡相遇。多做類似這樣的小嘗試，時間久了，孩子便會覺得你是「自己人」，就會信賴你，從而在意你的想法，站在你的立場去想問題。單親父母們尤其需要注意這一點。因為與完整家庭的「雙渠道」不同，從某種程度上說，你是一種「單渠道」，或者說是孩子僅有的「唯一信賴」。

當孩子跟你表露出心中的不悅與憤怒時，無論你在幹什麼，請你停下腳步，讓孩子靠著你的肩膀，鼓勵並靜靜地傾聽孩子的訴說。要知道孩子內心的偏差都不是一朝一夕形成的，應在發現苗頭時及時糾正、遏制與引導。親人的關愛是最好的良藥，只要方法得當，相信所謂的單親家庭「問題」兒童會少很多。

可以更好

肖老師是海老師的同事，他與兒子的關係非常融洽。雖然從小跟隨爸爸生活，肖老師的兒子壯壯卻成長得健康快樂。壯壯喜歡科普知識，從小就喜歡看科普電視節目和書籍，也常就一些科普問題跟肖老師問東問西的。肖老師也特別有耐心，每次都認真地解答壯壯的問題。如果有些問題肖老師也無法解答，父子倆便一同上網或去圖書館查詢。當壯壯有自己的獨立見解時，就算在外人看來很不成熟很幼稚，肖老師依然會仔細地聽完壯壯的想法，並

鼓勵他多思多想。父子倆還一同參加過當地電視臺的親子節目，憑藉著豐富的知識和默契的配合，取得了第一名的好成績。

有段時間，壯壯似乎特別開心，愛睡懶覺愛賴床的他總是鬧鈴一響就起床了，下午放學之後也似乎不是太想回家。一天，壯壯的一個問題讓肖老師警覺了起來。「爸爸，愛上一個人的感覺是不是每天都想要見到她？」壯壯才12歲，他能愛上誰？一個小學六年級的孩子，懂得什麼是愛情嗎？在肖老師的耐心開導下，壯壯跟爸爸吐露了心聲。原來壯壯班上新轉來一個女同學，跟壯壯特別聊得來，還幫助壯壯解決學習上的問題。因此，壯壯每天都特別想見到她，放學也捨不得跟她分開，每天都想跟她一起玩。這本是兩個孩子之間純潔的友誼，由於外界複雜資訊的刺激，壯壯誤以為這就是愛情。後來，在海老師的引導之下，壯壯明白了這是小朋友之間最真誠的友情，男女同學之間互幫互助是友愛的表現，而不是所謂的「愛情」的萌芽。

滴海藏箴

我們總有一天會長大，雖然我們是那麼地不想長大。

我們的優點是我們知錯能改，我們的缺點是我們不知道錯了。只有在這個時候，我們才真的是一群孩子，那些小小的壞，不過是我們裝成大人的標誌。這一刻，我們的心跳如此地接近，在我們的心裡，未來是那麼的新鮮，充滿了那麼多的期待，當然，陽光下最適合做夢，這樣的溫度可以讓人感覺幸福。

——袁琴

五 我們一定可以的

心語故事

「嘟嘟嘟……」給女兒打了一下午的電話，卻一直無人接聽。雷老先生夫婦突然有了一種不祥的預感。雷老先生夫婦跟女兒雷女士同住一個小區但不同棟。當雷老先生與妻子火急火燎地趕到女兒家門口時，便聽見了2歲的

轉角遇到幸福：寫給單親爸媽
上篇 告別昨天

小外孫女已近沙啞的啼哭聲。老倆口推開女兒雷女士的房門一看，雷女士蜷縮在浴缸中，鮮紅的血將浴缸的水染成了刺眼的紅色……

當記者趕到事發現場時，雷女士已因失血過多死亡。31歲的雷女士性格比較內向，朋友也不多。近一年來，她幾乎足不出戶，吃的穿的都由父母買好送來，孩子也是由父母照看。雷先生夫婦經濟較為寬裕，為了幫助女兒，還專門替她開了個辦理手機業務的店，可是店卻從來沒有開張過。出事那天，雷女士說想陪陪孩子，於是便把孩子接了過去，沒想到，她竟是跟孩子告別的。

「爸爸媽媽寶寶，我對不起你們，但是我實在是撐不下去了。為什麼？為什麼他要這樣對我？為什麼他要為了那個不要臉的女人跟我離婚？我跟他從談戀愛、結婚到生孩子，10年的時間，其中的艱辛他都知道的啊！我把自己的一切都給了他，可他呢？就為了一個認識才5個月的女人，就要拋棄我和整個家。我這一年真的是過得太痛苦了，我總是睡不著覺，經常睜著眼睛到天亮。好不容易睡著了，又會被噩夢嚇醒。這種滋味太難受了，我感覺好像骨頭裡有千萬根針在扎，太痛苦了，而遠離這些痛苦的唯一方法就是離開這個人世。我要用我的鮮血來讓他後悔，讓他後悔一輩子，讓他一輩子都不得安生……我曾經是多麼幸福，而現在又是多麼不幸……寶寶，媽媽也捨不得你，可是媽媽再也沒有信心生活下去了。媽媽看不到一點希望，媽媽不知道該怎麼樣面對你。寶寶，你一定要原諒媽媽……」雷女士在遺書裡寫道。

當海老師在報紙上看到這篇報導時，切膚之痛的感覺無法言說。

原來如此

雷女士在遺書中說：「再也沒有信心生活下去了。」

心理學上對信心是這樣定義的：信心是指對行為必定成功的信念。對於事情實現難度的外在感知、情緒和意識是構成信心的三個要素。有時激發這三個要素當中的任何一個要素，就能引起另外兩個要素的變化。也就是說，這三個要素具有協調一致性的特點。具體來說，信心構成要素中的外在感知，是指人們對於行為必定成功的一種認知過程。由於這種認知過程是對未來發

展趨勢所做的一種預判，所以從某種程度上來說，它又是一種想像和推斷。情緒是指人們在受到所處環境的刺激時，自身的生物需求是否獲得滿足而產生的暫時較為劇烈的體驗和評價，它包括了7種因素：喜、怒、憂、思、悲、恐、驚。外在意識是指人們的大腦在行為中對外界事物察覺的清醒程度和反應的靈敏度。通常當人們處在睡眠狀態中時意識水平最低，在注意力高度集中時意識水平最高。報導中雷女士會認為「再也沒有信心生活下去了」，是基於她高估了離異之後生活的難度，負面情緒占了上風和對生活缺少清醒認識的綜合結果。

哈佛最受歡迎的課程是《幸福課》，超過了王牌課程《經濟學導論》。心理學上對幸福感的解釋是：幸福感是人們根據內化了的社會標準對自己生活質量的整體性、肯定性的評估，是人們對於生活的滿意度等各個方面的全面評價，並由此產生的積極的情感占優勢的一種心理狀態。同理，不幸感就是消極的情感占了主導地位。教授幸福課的哈佛博士哈沙爾說：「人生和商業一樣，也有盈利和虧損。具體地說，在看待自己的生命時，可以把負面情緒當作支出，把正面情緒當作收入。當正面情緒多於負面情緒時，我們在幸福這一『至高財富』上就盈利了，幸福感是衡量人生的唯一標準，是所有目標的最終目標。」因此，當雷女士感覺自己的生活全部被「不幸」所充斥時，生活對於她來說也就失去了意義。

溝通祕笈

沒有誰能剝奪你幸福的權利，除了你自己。單親家庭的父母和孩子，只要重拾生活的信心，幸福便不會變得遙不可及。它會來到你身邊，你應該做的就是將其緊緊地握在手中，不要因為你心靈的失盲而與之擦肩而過。借用楊瀾在部落格分享的「幸福公式」，重拾信心，接力幸福，你也可以的。

幸福＝當下快樂＋未來快樂。

「人生多變，既不能只顧及時行樂，而忘了未雨綢繆，也不能為了實現未來的目標，而從現在就開始做苦行僧，應該讓兩者適當相加，使自己更容易幸福。」單親的父母跟孩子，你們不應該因為一段家庭關係的破裂而變得

轉角遇到幸福：寫給單親爸媽
上篇 告別昨天

從此與「快樂」絕緣。試想，沒有了丈夫（妻子），不代表再不能遇到對的人；爸爸（媽媽）不在身邊，不代表就失去了他們的愛。活在當下，好好活著。未來的路很長，不要因為現在而否定了以後的種種可能性。學著將快樂疊加，讓「不快樂」無處生存。

幸福＝正面情緒－負面情緒。

「我們需要不斷培養自己正面的情緒，儘量減少負面的情緒，雖然人生不可能盡是如意之事，但仍需努力平衡，使自己更積極地對待生活。」情緒空間只有那麼大，當負面情緒在裡面「為所欲為」的時候，正面情緒就只能受之驅逐；而當正面情緒占據主導地位時，負面情緒便只有「逃之夭夭」。情緒的好壞，很多時候只在於你思考問題的方式。婚姻的破裂不代表生活的完結，多朝事情好的方面想，學著用正面情緒的「正能量」去抵擋負面情緒的消極影響。

幸福＝快樂 × 分享人數。

「要學會將自己的快樂與親人和朋友分享，使這個幸福感擴散，帶給更多人快樂和積極的心態。」將自己的點滴快樂、孩子的點滴成長分享給父母或身邊的同事、朋友，你的快樂便能得到加倍的反饋。

幸福＝能力 ÷ 期待。

「我們須對自己的能力做出評估，對未來的預期目標進行控制，莫要強求自己。」每個單親的父母都希望給孩子美好的未來，因此在工作上都會加倍地努力，甚至賠上了自己的健康。在工作上做自己能力範圍內的事情，在精神上給孩子百分百的關注，這才是每個單親父母們最得當的衡量。

可以更好

小同是海老師教過的最優秀的學生之一。在他身上，絲毫沒有單親家庭孩子常有的陰鬱、自卑和膽怯。小同出生在一個有家庭暴力的家庭。小時候家裡經濟條件寬裕了之後父親就整天酗酒嗜賭，一喝多或者賭輸了錢就拿小同媽媽和小同出氣。後來，媽媽實在無法忍受丈夫的粗暴，和丈夫離了婚。

小同媽媽是個堅強又有能力的女人，在一家企業做出納。在經濟上，小同媽媽獨自撐起了這個家，雖然苦、累，小同卻從未見媽媽愁容滿面。相反，媽媽十分熱愛生活，時不時會拉著小同一起在家裡開「演唱會」；媽媽還報了個舞蹈班，每個週末去學習三個小時；媽媽也十分注意身體健康，每天下班後都會去健身房鍛鍊一個小時。媽媽這種對待生活的態度深深地感染了小同。「或許我過去很不幸，但這不影響我現在和以後擁有幸福」，這是媽媽說過最讓小同印象深刻的話。如今，小同已經研究所畢業，憑藉著頂尖的專業技能和優秀的綜合素質，他成功地應徵到了很理想的工作。那天，小同回家時，伏在媽媽的耳邊輕輕地說：「媽，你看我現在工作定下來了，生活也穩定了，您是不是也該考慮考慮自己的個人問題了啊？聽說林叔叔一直以來對你都很好哦。」母子倆開心地笑了。

歐巴馬在父母離異後被母親送到了夏威夷跟隨外祖母一同生活。外祖母瑪德琳只有高中學歷，她為了讓歐巴馬上當地最好的私立學校接受最好的教育，就在一家銀行找了一份祕書的工作。每天早上五點起床，擠公車上班，這樣一直持續了20年。20世紀70年代初，外祖母憑藉自身的努力成為夏威夷銀行第一位女性副總裁。歐巴馬這樣評價自己的外祖母：「她是家庭的支柱，她身上體現的是女性非凡的才能、力量和謙和的精神。」其實所有的單親父母都應該擁有如歐巴馬外祖母般的精神，用改變自己的方式來改變境遇，用一種潤物細無聲的方式來滋潤世界，獲得幸福。這種力量是一種永不放棄的爭取。

滴海藏箋

一隻小狗問牠的媽媽：「媽媽，幸福是什麼？」

媽媽說：「幸福是你的尾巴尖。」

於是小狗每天都試圖咬到牠的尾巴尖，想得到幸福。可是無論牠怎麼努力，還是不能成功。

於是小狗又去問牠的媽媽：「媽媽，為什麼我追不到幸福？」

媽媽說：「寶貝，你只要抬起頭往前走，幸福就會一直跟著你。」

——佚名

中篇 珍惜現在

接受殘酷的現實，你開始發現其中的美好。原來，單親之家也可以充滿溫暖。來，與孩子把家居重新布置一遍，為孩子的床頭裝上一盞橘黃的檯燈；接納一隻可愛的動物，為家添一份久違的活潑；給孩子送上一本可以上鎖的日記，鼓勵他傾訴內心的話語。

你會發現，雖然一切都不再一樣了，但新的日子，也可以充滿驚喜與愛意。父親，為難得一見的兒子準備一次兩個人的探險旅遊；母親，為假期回來的女兒烹製一碗香辣的小麵。用心一些，再用心一些，讓孩子心裡的遺憾悄悄變淡。

記住，給孩子陽光般的母愛，也給他雨露般的父愛吧。雖然無法在同一地點，孩子依然能夠得到滿滿的愛，健康成長。

第四章 單親不缺愛

作為單親家長，在處理好自己的情緒，與過去告別後，接下來，是時候幫助孩子一起來適應這場家庭的變故了。這一章，海老師為各位單親父母們分享關於如何避免單親給孩子帶來的傷害，如何能讓孩子在單親的家庭環境中依然健康地成長，具體包括：重新創造歸屬感、送給孩子貼心的禮物、幫助孩子適應新生活、關注孩子的積極面和給孩子自己的空間這五個方面。當然了，真正合適的教育方法還有很多，不僅僅是這裡提到的方法，還有就需要單親家長們在教育孩子的實踐中進行積極的探索，勇敢的嘗試。讓我們一起跟隨海老師的腳步用心領略這些微小做法中的教育真諦吧！您的孩子也可以和完整家庭的孩子一樣，在愛的教育下茁壯成長，正如本章標題所說的那樣——單親不缺愛！

一 看！我們美麗的新家

心語故事

　　小東的父親與海老師是相識多年的老鄉，他向海老師講述了自己與兒子的故事：我家小東是國三的學生，我是一名工人。小東他母親嫌棄我窩囊賺不到錢，就拋下小東和我，跟別的男人結婚了。為了我們父子倆的生計，我不得不在外打兩份零工，白天做一份，吃過晚飯後又得去做第二份工作。所以，我只能每天晚上帶著小東在外面吃一頓飯就匆匆趕去上班。一段時間之後，由於小東常常一個人在家裡，感到孤獨，就去網咖通宵上網，次日上課就睡覺。當我發現小東這個行為時，小東已經上網成癮，無法自拔。但由於工作的原因我不能時常看著小東，不能每日監督他，所以小東開始逃學逃課而且整天泡在網咖裡。我問小東為什麼要這樣，他說：我就是喜歡網路的世界！那裡有很多我想要的東西！

原來如此

　　聽小東爸這麼一說，海老師腦海裡印象最深刻的一句話就是小東說「那裡有很多我想要的東西」。這就足以證明了在現實生活中的小東感覺不到歸屬感，和父親相依為命的他又常常一個人在家。當他發現能在網路世界裡找到存在感和家庭的歸屬感之後，便沉溺其中，這便是問題的根源所在。因此，要幫助小東不沉迷於網路世界的最佳做法就是要給孩子創造歸屬感。

　　馬斯洛的需要層次理論從低級到高級分別為：生理需要、安全需要、愛與歸屬需要、自尊需要、自我實現需要。而一個人的心理健康水平的維持，主要是以人的中間層次的需要即「安全」「愛與歸屬」「尊重」的需要得到滿足為前提條件。心理學研究表明，作為一個社會人，所有人都害怕孤獨、寂寞，所有人都希望歸屬於某一群體，比如家庭、學校、工作單位等。這樣，人們就可以從中得到溫暖，獲得愛和幫助，從而消除孤獨感、寂寞感，獲得安全感。因此，歸屬感的需要對於每一個人來說都是至關重要的。而對於兒童，歸屬感最重要的來源便是家庭。家庭是孩子出生後歸屬的第一個群體，他可以從中得到父母的呵護與疼愛，獲得作為人所需要的歸屬感。父母離婚

轉角遇到幸福：寫給單親爸媽
上篇 告別昨天

後，家庭突然解體，孩子不能像大人一樣去理解父母為什麼會突然間分開，他只能在內心裡感到納悶為什麼突然爸爸（或者媽媽）不和我們一起生活了呢？此時，父母能做的便是努力給孩子創造歸屬感，即使離婚了，也要讓孩子感受到自己在家裡的重要性，找到屬於自己的一個重要位置。否則，孩子很容易產生自卑感，把自己封閉起來，長此以往，性格會受到很大影響。

溝通祕笈

作為一個單親爸爸，想創造歸屬感並沒有女性做起來那麼得心應手，海老師耐心地向小東爸爸講了一些做法：

（1）創造民主的家庭氛圍，進行愛的教育。有的單親爸爸（媽媽）離婚後把所有的希望都寄託在孩子身上，對孩子倍加嚴厲，無形之中與孩子產生了距離感，使孩子容易排斥。在與孩子相處的過程中，應以朋友的姿態去看待孩子，與孩子站在同一起跑線上，讓孩子不會感覺要仰著頭才能看到父親（或母親）。在民主的家庭氛圍中怎樣教育與影響孩子呢？這就需要榜樣的力量了。單親爸爸（媽媽）要用自己的榜樣行為去影響孩子、感染孩子，讓孩子看到爸爸（媽媽）是一個高尚的人，用這樣的內在力量去感化孩子、熏陶孩子。在民主的氛圍中，使孩子容易感覺到自己在家庭中的重要性，從而建立起歸屬感與安全感。

（2）建立情感上的歸屬感。不管遇到什麼事情，要努力走進孩子的世界，從孩子的角度來看問題，理解他們，此時最禁忌的便是指責和抱怨孩子了。單親爸爸（媽媽）在孩子遇到事情的時候，先要使自己冷靜下來，然後再耐心地鼓勵孩子表達自己的想法並傾聽孩子的心聲，無論對錯都要進行無條件接納。待孩子的情緒也平靜下來，再對事情進行客觀的評判，對孩子加以正確的引導。如此，孩子感覺自己被人理解，同時也能感受到父親（母親）對自己的重視，再去教育時不容易出現排斥的情緒。

（3）贏取孩子的信任。在鼓勵孩子做事情的時候，一定要使用鼓勵的語氣，避免以懷疑的態度對孩子說話。如孩子自己洗衣服的時候，家長可以說：「我相信你一定可以自己把這件衣服洗乾淨」。不能說「你能不能洗得乾淨

啊」或類似的話語。孩子在得到肯定的時候內心都會很愉悅，也更容易信任你。他能感覺到自己在家庭裡存在的價值，從而尋找到一種感情方面的歸屬感。

（4）給孩子一個重要的位置，時刻提醒孩子：你是我們家裡最重要的一員。讓孩子明白自己在家裡的重要性。雖然孩子沒有一個完整的家庭，但當他感受到來自父親（母親）對他的信任、重視，就會在家庭裡尋找到歸屬感。

（5）給孩子創造一個溫暖的居住環境。條件允許的情況下，還可以對房間重新進行布置與裝修，讓孩子有一個更加溫馨有愛的家。硬體上的歸屬感與情感上的歸屬感更容易讓孩子產生安全感，從而健康快樂地成長。

可以更好

海老師告訴小東爸爸，自己當初與丈夫離婚後也很擔心突然的變化會給孩子的心靈帶來創傷。尤其是丈夫搬家那天，小仲更是親眼看到爸爸帶著人把家裡的家具、物品等搬走，最後剩下了空空的房子和母子倆。「別說是孩子了，就連我自己的心裡也特別不是滋味。」海老師意識到不能讓小仲那麼失落，於是第二天就帶著兒子一起去挑選購買缺少的家具、物品等。圖案都是孩子喜歡的，還買了他最喜歡的藍色壁紙重新貼在他的房間，將他的房間裝飾了一下。海老師母子倆忙完後，看到這個被他們裝扮得煥然一新的「美麗新家」，心情漸漸明朗了起來。

滴海藏箴

1. 保護孩子最有效的辦法是讓他們學會自己照顧自己。形成習慣比學會技能需要更長的時間。

——帕特麗夏·斯普林科

2. 有一種籌碼，名之為快樂。自己開心，才有能力讓別人高興。一個沒有安全感的人所能供應的愛，也是殘障的。

——吳淡如

3. 培養孩子成功的祕訣是與你的孩子結成信任同盟。

——爾奎哈德曼

二 我們家的貓咪

心語故事

　　鵬鵬是一個小學四年級的孩子。在鵬鵬3歲那年，爸爸去美國發展事業後就和鵬鵬媽媽離婚了。鵬鵬媽媽是一名上班族，平時工作很忙。離婚後，鵬鵬媽媽很傷心，把所有的希望都寄託在鵬鵬身上，對他的要求異常嚴厲，尤其是學習。一天早上起床，鵬鵬很開心地對媽媽說：「媽媽，我昨天做了一個奇怪的夢，夢見了爺爺帶我去……」媽媽擺擺手說：「別說了，快吃早餐！一會兒上學要遲到了！」鵬鵬默默地埋下頭吃飯，吃完乖乖背起書包上學了。吃晚飯的時候，鵬鵬又想和媽媽一起分享昨天晚上那個幸福的夢，可是剛開口說了兩句，媽媽就打斷了他說：「抓緊時間吃飯，吃完快去把今天的作業寫了。」吃完晚飯，鵬鵬對媽媽說：「媽媽，我今天作業不多，晚一點再寫行嗎？我先和媽媽說我昨天晚上做的夢。」媽媽一臉不耐煩地說：「一個夢有什麼好講的啊，趕快去寫作業，寫完就看看書，預習一下明天的內容。」說完就轉身去廚房洗碗去了，鵬鵬一個人站著，無辜的小臉上帶著些許失落的神情。日子一天一天過，媽媽發現鵬鵬開始變了，以前放學後回來總會有很多說不完的話，學校裡開心不開心的事總會對媽媽說，現在卻什麼都不說。鵬鵬平時的表現媽媽只能打電話問老師才能知道，有時候對鵬鵬進行教育的時候，鵬鵬也開始鬧脾氣了。看到鵬鵬變成這樣，媽媽很是傷心，不知道該如何是好了。

原來如此

　　離婚後，父母首先不能改變對孩子的態度。不能因為離婚對孩子心存愧疚，因此對孩子寵愛備至，無條件滿足孩子提出的所有要求；也不能因為擔心孩子而對孩子比以前更加嚴厲，忽略了孩子的內心感受。離婚不一定就會

給孩子帶來不利的影響，相反的，家長處理得當反而能激勵孩子，讓孩子變得更加出色。

鵬鵬媽媽就犯了上述的第二個錯誤。離婚後，把自己的希望全部寄託在了孩子身上，對他非常嚴厲。孩子畢竟只是孩子，沒有辦法像大人一樣去理解上進、爭氣等大人想要孩子理解的含義，他的思維停留在「為什麼媽媽突然一下就變得那麼嚴厲了呢？」「媽媽是不是不愛我了？」這樣只會拉遠孩子與自己的距離，使母子之間產生隔閡。

溝通祕笈

透過鵬鵬媽媽的描述，鵬鵬一開始並沒有因為爸爸媽媽離婚而受到影響，而是媽媽對他的管教比較嚴厲，與他沒有太多交流後才發生變化的。海老師見過幾次鵬鵬，覺得他是個很機靈的小傢伙。一開始鵬鵬並沒有受到父母離婚的影響，海老師告訴鵬鵬媽不要太擔心，只要按照海老師說的去做一定可以改善母子間的關係，讓孩子變得好起來。

（1）保持對孩子原先的態度及要求，即採取離婚前後一致的管教方法來管教孩子，不要因為離婚改變對孩子的態度和要求。孩子不能接受這樣突如其來的改變，他會誤以為媽媽（爸爸）不愛他了，容易產生自卑心理。

（2）自己做好的同時，也要盡力與前夫（妻）進行有效溝通，告訴對方也一定要採取與你一致的管教方法來對孩子施加教育，盡力避免讓孩子感覺到因為離婚這件事爸爸媽媽對他的態度發生了變化。如果與對方進行溝通實在有困難，也要保證自己的管教方法前後一致，用開放的心態去接受與前夫（妻）不一樣的教育方法。

（3）送給孩子貼心的禮物。孩子的心很好俘獲，一件他最愛的毛絨玩具，一隻他最愛的寵物等，都能夠讓充滿愛心的孩子心情愉悅，拉近父母與孩子的距離。尤其是小寵物這類比較貼心的禮物，更是能很好地陪伴孩子，激發孩子純真的愛。

（4）如果雙方的管教方式不一樣，孩子從前夫（妻）那邊回來後，也要堅持自己的教育方法，不能縱容孩子。但與此同時也要有一些與孩子親近的

轉角遇到幸福：寫給單親爸媽
上篇 告別昨天

舉動，如上述所說的送給孩子一些貼心的禮物、保持與孩子和諧融洽的親子關係，這樣能幫助孩子更好地適應生活並接受來自你的教育。

可以更好

海老師的兒子小仲是個非常喜歡寵物的孩子，每次和海老師出去散步都會從家裡帶上些饅頭屑屑之類的食物，碰到流浪狗流浪貓就會餵食牠們。海老師雖然知道小仲一直想養一隻小貓咪，但由於擔心自己工作忙沒有時間，孩子又不怎麼會照顧小動物，所以一直沒有同意小仲領養一隻小貓咪的要求。那天，海老師和小仲像往常一樣散步並給流浪小貓小狗餵食物，小仲突然對媽媽說：「媽媽，我要是能把牠們領養到家裡，一定會像你照顧我這樣好好照顧牠們的！」聽完兒子的話，海老師突然覺得是不是應該給兒子一隻他一直想要的小貓咪呢？說不定孩子能照顧好呢……正好還有一週就到小仲的生日了，海老師想，生日的時候領養一隻貓咪作為禮物送給兒子吧！

小仲生日那天，海老師把小貓咪帶回了家，小仲看到貓咪時那又驚又喜的小眼神也讓海老師感到很開心。小仲抱住貓咪，細聲地對貓咪說：「小貓咪，以後你可就是我們家裡的一員啦，我會好好照顧你的。」說完朝著媽媽開心地一笑：「謝謝媽媽！」當時，海老師感覺到和兒子的距離又近了。

滴海藏箴

1. 美好的生命應該充滿期待、驚喜和感激。

——泓露

2. 完全沒有缺乏的人也不可能再有更多的快樂了。快樂是一種等待的過程。突然而來的所謂「驚喜」，事實上叫人手足無措。

——三毛

3. 互相贈送禮物的家庭習慣有助於增進父母與孩子之間誠摯的友誼。其主要意義並不在於禮物的本身，而在於對親人的關心，在於希望感謝親人的關心。

——伊林娜

三 一起去看海

心語故事

　　11月12日，對小靜來說是一個黑色的日子。這一天丈夫的生命被無情的癌症奪走了，剛滿週歲的可愛兒子也失去了疼愛他的爸爸。小靜與老公是一見鍾情，第一次見面就被老公的成熟、陽光吸引了，從他們相識、相知、結婚到現在也才不足4年的時間，而在這4年的時光裡，小靜經歷了人生的一切喜怒哀樂。小靜與丈夫結婚後，丈夫對她無微不至的關心與照顧讓小靜一直沉浸在蜜罐裡，直到丈夫被查出患了肺癌，生活的一切都變了。丈夫生病後，高昂的醫療費用花光了家裡所有的積蓄。小靜不得不辭掉自己的工作，一邊照顧患病的丈夫，一邊照顧年幼的兒子，好在有母親時不時來幫忙。半年後，丈夫最終還是離開了人世，離開了小靜和他們的兒子。

　　丈夫走後，由於丈夫看病花光了所有積蓄，家裡的經濟變得非常窘迫。小靜不得不趕緊找了一份工作，白天把兒子交給自己的母親照顧，晚上下了班還要拖著疲憊的身體照顧年幼的兒子，精神上的打擊讓小靜終日不露笑臉，對過世丈夫的思念一刻都停不下來。小靜母親看著自己女兒忍受著如此煎熬，很是心疼，可是怎麼勸，小靜都沒有絲毫改變，小靜的身體漸漸地被累垮了……

原來如此

　　小靜母親與海老師是多年的好友，看著女兒和孫子這樣，她很心疼，於是便帶著小靜和她兒子找到了海老師。見到小靜的時候，她神情很憔悴，而小靜的兒子眼睛直愣愣地看著海老師，看著真叫人難過。小靜母親告訴海老師，小孫子原來活蹦亂跳的，自從他爸爸走了，看著媽媽天天這副樣子，也不像原來那樣活潑了……

　　單親媽媽（或爸爸）如果一直沉浸在丈夫（或妻子）死亡的悲痛中而不能自拔，與她長期生活在一起的孩子也會受到負面情緒的影響。單親母親（父

轉角遇到幸福：寫給單親爸媽

上篇 告別昨天

親）自己不能接受這樣的事實，不知如何適應這樣的生活並照顧好孩子，而孩子本身也面臨著家庭變故帶來的心靈創傷，他會意識到家裡的氛圍因為媽媽（爸爸）而變得凝重起來。漸漸地，性格上就會開始發生變化。小靜的兒子就是這樣的例子。

因此，為了小靜兒子和小靜自己，她需要做的就是勇敢地接受既定的事實，盡快調整好自己的精神狀態。首先要儘量早日適應單親生活，之後再幫助兒子一起適應這種生活，這樣才能解決小靜自己及兒子面臨的痛苦。

溝通祕笈

海老師看著小靜的樣子百感交集，如果繼續這樣下去，小靜的狀態會給她兒子帶來負面的影響。在如此壓抑的家庭氛圍中成長，孩子的身心健康必定會受到影響。海老師不僅開導小靜並且教了她一些具體的方法：

（1）單親爸爸（單親媽媽）在剛開始成為單親家長時一定要先讓自己迅速走出由家庭變故帶來的心靈創傷，心裡實在難受的時候，可以做做自己平時喜歡做的事情，多運動運動，因為運動能使人身心愉悅。每天早上起來也可以對著鏡子給自己一些自我暗示：孩子需要正能量的我！我一定行！

（2）將自己情緒迅速調整好後，要幫助孩子來適應單親生活。可以儘量保持變故前的生活方式、生活習慣。

（3）與學校老師進行溝通，告訴老師家裡的狀況，讓老師多留意一下孩子在學校的情況。比如語言或者行為上是否有變化，學習成績或者與同學相處是否有變化，與老師間的關係是否有變化，等等。

（4）可以帶著孩子一起出去旅遊，或者來一次週末的郊遊。讓孩子和自己多親近大自然，換個環境，換個心情，早日適應單親生活。

（5）家長就是孩子的第一個榜樣，因此，千萬不要在孩子面前表現出自己負面低落的情緒。要把自己陽光、積極的一面展現在孩子面前，這樣才能感染孩子，讓他更快樂地成長。

可以更好

　　海老師向小靜講述了發生在自己身上的故事。兒子小仲十歲那年她與前夫離婚了，孩子一直跟著自己生活。那時候海老師看著小仲的情緒一天天消沉，她就每天和他進行溝通，陪他說說話，但效果不明顯。小仲偶爾還是會發發呆，海老師能夠感受到他心裡的那種失落。海老師的母親建議她利用暑假帶小仲出去走走，看看外面的世界，母子倆也換個心情。海老師覺得這是個不錯的提議便答應了，還約上了小仲的表弟表妹。暑假，在三亞的海邊，他們在沙灘上玩水嬉戲、抓螃蟹、曬日光浴……在美麗的海灘上留下了很多歡聲笑語。回到家後，小仲的心情果然一直都很好。從那以後，海老師每年的寒假暑假都會帶上小仲，有時候還會約上小仲的好朋友一家一起出去旅遊。

滴海藏箴

　　1. 生活是不公平的，你要去適應它。

　　——比爾·蓋茲

　　2. 明白事理的人使自己適應世界；不明事理的人想使世界適應自己。

　　——蕭伯納

　　3. 既然不能駕馭外界，我就駕馭自己；如果外界不適應我，那麼我就去適應它們。

　　——蒙田

四 哇，我們做到了！

心語故事

　　小波5歲那年，爸爸就因病去世了，媽媽在外打工，收入不高。現在小波和外公一起在舅舅家裡住著，舅舅也因為工作的原因常常不在家。外公年事已高，家中無人能管教他，小波已經習慣了這種沒人管教的生活。據小波外公反映，小波平時愛上網，媽媽每次打來電話知道小波上網後就對小波進行嚴厲的批評，外公在家裡也常常指責小波不學習一直玩電腦，可是一說小

轉角遇到幸福：寫給單親爸媽

上篇 告別昨天

波他就會鬧脾氣，對外公大吼大叫。經過老師的耐心開導，小波說出了自己的心裡話：「我不是不喜歡外公和媽媽管我，只是每一次他們知道我犯錯了就只會指責我、批評我，我不喜歡他們這樣對我，我心裡難受，特別難受。」說完，小波的眼淚奪眶而出。

原來如此

幼年時期是孩子性格形成的重要時期。能夠充分獲得父母的愛、欣賞、讚揚的孩子會成為溫和的人。反之，在這重要時期得到的只是責罵、批評，孩子的心理會發生一定程度扭曲，性格會變得倔強，脾氣也會變得急躁。

媽媽和外公對小波的管教不多，僅有的一些管教卻只是指責與批評。在這樣的環境中，就發生了惡性循環，「外公媽媽越是指責我心裡就會越煩」「反正我做什麼都不對」諸如此類的聲音就會在小波的腦海裡冒出來。久而久之，這些負面的自我暗示便導致了小波暴躁脾氣與倔強性格的形成。

因此，在對孩子進行教育時，要儘量避免一味地用指責與批評對待孩子，應該多關注孩子的積極面，否則很容易引起孩子叛逆的心理與情緒。

溝通祕笈

像小波這樣的例子海老師見過很多，有很多家長也是因為這樣的原因來求助過她，因此她也積累了豐富的教育心得。在此，海老師也把這些教育心得和大家一起分享吧！

（1）關注孩子的積極面。鼓勵教育能給孩子帶來愉悅感，單親家長在對孩子進行教育時，尤其要關注到孩子的積極面。因為有的敏感的孩子可能會誤以為爸爸媽媽不在一起生活了是不是自己做錯了什麼，他們可能會責怪自己。這時如果還不斷對孩子進行指責與批評，會對孩子的心靈產生傷害，導致孩子變得自卑與封閉。

（2）避免盲目的讚美與鼓勵。在關注孩子的積極面的時候，一定要客觀公正，不能盲目地什麼都說孩子做得好，肯定孩子的做法。當他犯錯誤的時候，要用平和的語氣來和他進行談話，指出錯在哪裡，而不是一味地指責。

當他意識到自己的錯誤所在之後,要對他進行鼓勵,例如可以告訴孩子每個人都會犯錯,媽媽(爸爸)也會犯錯,但是只要我們能改正過來就是一種成功,我相信你一定可以做到。

(3) 單親家長要相信孩子有獨立處理事情的能力,放手讓他們去做,也是一種愛的表現。家長需要做的便是盡可能支持孩子,在孩子遇到困難、失敗時,給予他們鼓勵與安慰,而在孩子成功時要予以表揚。

可以更好

張亮,男孩,12歲,小學六年級。一家人的日子清貧卻也其樂融融。在張亮五年級時,爸爸因車禍去世。悲痛中的媽媽為了維持生計四處打工,幾乎沒時間管理和陪伴孩子。也就是在這個時候,張亮認識了幾個「校霸」,從而變得好打抱不平,常恃強凌弱,因此班裡的孩子個個都怕他,老師多次找張亮談話無效,只好找他媽媽協商。媽媽來到老師辦公室反而讓老師更感沉重,據媽媽哭訴,自從孩子爸爸去世一年多來,孩子脾氣越來越壞,回家從來不和媽媽說話,更不聽媽媽說教,有時甚至還頂撞媽媽,令媽媽很傷心。聽了張亮媽媽的一番話,老師思索並和其他老師商量對策,最後大家一致贊同「感化教育」。於是,在校期間,老師更多地關注張亮,盡可能地找到張亮可以表揚的事情在全班同學面前給予肯定或表揚,哪怕是上課沒有搗亂也會誇大成「好大的進步」。同時,媽媽也盡可能地擠時間陪他,關心他的學習生活。漸漸地,張亮沒有以前那麼「狠」了,同學們也沒有以前那樣懼怕他了。六年級上學期,張亮突然肚子疼,去醫院檢查發現是急性盲腸炎,需做手術。媽媽為了手術費急壞了,家貧如洗,拿不出幾千元來治病。老師了解到情況後,立即組織班上同學捐款,很快就湊夠了手續費,並派幾個同學向張亮送去關心和問候,這一次,張亮在病床上側過身流淚了。出院後的張亮像換了個人似地,一改往日的冷漠,對每個同學都表現出熱情和友愛,學習也漸漸進入狀態。媽媽深情地對張亮說:「兒子,看!我們做到啦!」

滴海藏箋

1. 潛力——看到它，欣賞它，灌溉它，播撒陽光，它就會感恩，成長，將它們的注意力轉移到它們一直在的地方。

——哈佛積極心理學課程

2. 教育技巧的全部訣竅就在於抓住兒童的這種上進心，這種道德上的自勉。要是兒童自己不求上進，不知自勉，任何教育者就都不能在他的身上培養出好的品質。可是只有在集體和教師首先看到兒童優點的那些地方，兒童才會產生上進心。

——蘇霍姆林斯基

3. 積極的鼓勵比消極的刺激來得好，但是鼓勵法也不可用得太濫，一濫恐失其效用；刺激法若用得其當，也是很好，不過只可偶一為之而已。

——陳鶴琴

五 可以上鎖的日記本

心語故事

丹女士和前夫在一年前離婚了。與前夫離婚後，孩子就成了她生活的全部重心。丹女士很擔心因為單親家庭的緣故令孩子感到自卑，所以就努力創造各種機會參加集體活動，幫孩子報名參與各種興趣班。可是最近幾個月以來，丹女士發現孩子明顯不願意與別的孩子一起玩，很多時候都自己躲在角落裡一個人玩。有時候丹女士鼓勵孩子出去和別的小朋友一起玩或者叫孩子一起去公園，孩子卻寧願一個人待在家裡。丹女士平時的工作很忙，週末也沒有時間陪孩子，平時除了為孩子準備午飯，就是要求他完成輔助學習的課外作業和各種興趣班的任務。在丹女士的嚴格管教下，孩子各方面的成績都挺好，但是社交能力比同齡的孩子欠缺很多。孩子現在一點兒也不願意見到他的爸爸，有時候在大街上看到人家一家三口的樣子他甚至會哭。丹女士覺得自己能理解孩子心理的壓力，但孩子的爸爸看到自己的兒子這樣，就指責丹女士教壞了孩子。丹女士聽後覺得一肚子委屈，自己也不知道該怎麼辦了。

原來如此

　　每個人從出生開始便成為一個獨立的個體，擁有自己獨立的意願和個性。孩子能有自己的想法，這是他逐漸成長的表現和標誌。作為大人，應該予以尊重、理解和鼓勵。尤其對於單親家庭的孩子來說，其很需要存在感、歸屬感與安全感，大人能夠尊重孩子的意願便是證明他存在感的一種方式。作為家長，如果長期都替孩子做決定，不給孩子自己的空間，不尊重孩子的想法，長此以往，孩子會認為他的想法總是被大人們忽視。對於正在成長階段的孩子來說，他們為了證明自己的存在，為了引起媽媽（爸爸）的注意和重視，他可能會變得越發倔強叛逆，不願與父母交流溝通。

　　在丹女士的案例中，海老師認為丹女士就是走入了凡事都替兒子做主的教育誤區，完全沒有考慮過孩子的感受，更別說給孩子足夠的個人空間了。而作為孩子，想要積極主動地表達自我並不是那麼容易的一件事，被媽媽的嚴格管教壓抑的時間長了，便開始出現性格及情緒方面的問題。

　　因此，一定不要因為單親而覺得虧欠孩子，逼孩子做孩子不喜歡做的事情，讓孩子完全沒有自己的空間，長此以往壓抑久了就會像丹女士兒子一樣爆發出來。

溝通祕笈

　　海老師建議丹女士趁某個節日的時候買一個帶鎖的日記本作為禮物送給她兒子，告訴他可以把自己開心和不開心的事情都記錄在上面作為一種宣洩的方式，讓其了解到他媽媽是一個尊重隱私的人，能給他屬於自己的空間。並給丹女士提了一些建議：

　　（1）尊重孩子。孩子是一個有獨立人格的社會人，有自己的尊嚴，並且和大人一樣需要尊重。如何做到尊重孩子呢？不拆孩子的信件，不偷看孩子的日記，不調查孩子的朋友，不侵犯孩子的隱私權，等等。作為家長，應該允許孩子有自己的「祕密」，有自己的私人空間，父母心靈不設防是對孩子最大的尊重。當孩子感受到父母尊重他的時候，他自然就會尊重父母，遇到事情的時候也才可能主動來找媽媽（或者爸爸）談心。

（2）不要幫孩子做決定。無論是興趣班或輔導班一定要和孩子一起商量，尊重孩子的意願，不要將大人的意願強加在孩子身上。單親家庭的孩子很需要一種存在感，被重視感，替孩子做決定會讓他失去存在感、更容易變得自卑。

可以更好

海老師是著名的心理諮詢師，深知單親家庭的孩子更加需要屬於自己的空間，所以自己在與前夫離婚後一直很注意給兒子小仲自己的空間，創造了一種民主的家庭氛圍。她向丹女士講述了自己與兒子間的小故事。小仲11歲的時候，海老師想讓他學鋼琴，可是小仲死活不願意，非得學小提琴。海老師的內心是非常想讓兒子學鋼琴的，但她又想尊重孩子的意願。為了讓孩子能夠踏實地學，她答應了兒子學小提琴的要求，並與兒子商量著達成了一致：媽媽答應你學小提琴的要求，因為這是你自己想要學的，媽媽沒有逼你，所以我希望你能堅持把這門樂器學好，不能半途而廢。小仲聽了媽媽的話連連點頭，心裡非常開心。如今，小仲依然堅持著學習小提琴，並且已經考過了六級。海老師看著小仲的表現，心裡感到非常欣慰，完全沒有後悔自己當初的決定。

滴海藏箴

自我尊重的最大祕密是：開始多欣賞別人，對任何人都要有所尊敬，因為他是上帝的兒子，也就是一件「有價值的東西」。你和別人打交道時要留心考慮。你遇到的是造物主創造的一個獨特的個性。訓練自己把別人當作有價值的人來對待，這樣，你會驚奇地發現，你的自尊心也加強了。因為真正的自尊並不產生於你所成就的大業，你所擁有的財富，你所得到的榮譽，而是對你自己上帝的兒子的欣賞。不過，當你認識到這一點時，你必須得出結論說，其他的人也可以根據同樣的理由得到尊重。

——麥斯威爾．馬爾茲

第五章 小小驚喜滿滿的愛

　　不能陪伴在孩子身邊的單親父母該怎麼做？單親父親很大程度不能像單親母親那樣在生活上給予孩子相對細心的照料，情感的表達上也缺乏一絲細膩。那單親父親該如何處理好與孩子的關係，給孩子更好的教育呢？很多單親家庭面臨著這種教育困境。這些單親家長們可能遇到的謎團海老師將在本章為大家一一解答！在本章，海老師為各位單親父母更好地詮釋了「陪伴」「榜樣」「細節」「平等」「安全感」等詞語在孩子教育路上的真諦！讓我們一起跟隨海老師的腳步看看吧！

一 夜空下的螢火蟲

心語故事

　　今年12歲的鳳鳳出生在一個貧窮的家庭，父母在她國一那年離婚了，經過父母協商，鳳鳳跟隨爸爸生活。媽媽離婚後不久便重組了新的家庭嫁到外地去了，每年過年會回外婆家看鳳鳳幾天。父母離婚後，家裡的生活更是拮据，務農的爸爸為了能讓女兒在物質上過得更好一些，以彌補孩子因為家庭的不完整而受到的傷害，離開家鄉到深圳打工，留她和奶奶在家生活。奶奶只能關心她的生活起居，學習上卻是一點都幫不上忙。然而，鳳鳳並沒有理解爸爸的一片苦心，更沒有把心思用在學習上，學習成績往往是倒數幾名。儘管爸媽常會電話詢問、關心鳳鳳的學習生活狀況，但鳳鳳覺得自己跟爸爸媽媽一點也不親，更何況媽媽還與現在的丈夫又生了孩子。一年下來，與爸爸或者媽媽在一起生活的時間就幾天，媽媽回來也只是住在外婆家，用鳳鳳的話說媽媽是來探望親戚的，只是來看兩眼。很多時候，鳳鳳感覺自己就像是被爸媽拋棄的孩子。據奶奶說，好幾次晚上鳳鳳說夢話都喊媽媽，有時候還哭醒。鳳鳳很少對奶奶說起爸媽，奶奶有時念叨他們，鳳鳳還會嫌煩。但奶奶說，鳳鳳其實感情很細膩，也很敏感，常被電視劇情節感動得淚流滿面。鳳鳳性格有點孤僻，互動得好的同學不多，僅有的玩伴也是一個爸媽在外地打工的女孩。鳳鳳上學時常常衣著不整，頭髮蓬亂，作業很少按時完成，甚至不交作業，老師問原因，永遠是「忘了做」，同學對她的評價是「零存在」

轉角遇到幸福：寫給單親爸媽
上篇 告別昨天

同學。爸爸常寄錢給奶奶和她，使她的生活得到了一些改善，但她一點也開心不起來，因此零食和電視劇成為解決無聊時間的最好辦法。鳳鳳常用羨慕的目光看著週末有爸媽陪伴的孩子，也許她的心裡也有個美好的願望，希望能有一隻閃閃的螢火蟲照亮這片漆黑的夜空，讓心靈不再孤單。

原來如此

　　每個人一出生，陪在自己身邊的就是自己的父母，父母的一舉一動都影響著孩子。孩子成長路上父母是最重要的角色，父母也是孩子出生後的第一任老師，其他任何人的陪伴都不能代替父母陪伴孩子的重要性。孩子的健康成長與技能的學習，都需要父母的細心照顧與耐心指導。鳳鳳的父親為了能給她創造更豐富的物質生活而離家外出打工，只留下鳳鳳與只能照顧到鳳鳳基本飲食起居的奶奶。因此，鳳鳳在家裡幾乎沒有任何人可以與她進行交流，開心抑或不開心的事情都一個人憋在心裡。正在成長中的孩子是最需要與人親近的時候，一般情況下，孩子通常只願意與自己信任的人敞開心扉訴說。雖然鳳鳳的父母會常常打電話詢問鳳鳳的學習或者生活情況，但由於長期不在孩子身邊，使得孩子與父母的距離被拉遠了，對於父母的信任必定會有所減少。即便在學校發生了開心或不開心的事情，她也不能夠完全敞開心扉地與爸爸媽媽訴說。

　　雖然鳳鳳從未在嘴上說過要爸爸媽媽陪伴在身邊，但從鳳鳳好幾次晚上說夢話都喊媽媽，有時候還哭醒這些表現上來看，鳳鳳在內心深處是非常渴望父母陪伴的，只是長期的無人訴說使她不願意跟父母提出希望能讓他們陪在自己身邊的要求。她用羨慕的眼光看著別的孩子週末有父母陪伴，心裡的失落感油然而生。對於這樣的落差，鳳鳳就將其不滿體現在了吃零食和看電視劇上，不重視自己的學習。螢火蟲，是大自然裡夜的精靈，牠不在陽光下展示自己，卻在浩瀚而漆黑的夜空下，用自己微弱的光，點亮夜空、點燃希望。就好比父母陪伴給孩子孤寂的心靈帶去光芒一樣，雖然沒有五光十色，但把漆黑的內心世界慢慢點亮。

溝通祕笈

　　對於父（母）外出掙錢留下孩子與老人生活的這一類單親家庭，海老師建議如果條件允許的話，最好爸爸（或者媽媽）陪在孩子身邊，因為父母的陪伴是任何人都不能取代的。如果實在是有困難，那就要努力透過一些方法來拉近自己與孩子的距離。

　　（1）在條件允許的情況下，父（母）儘量不要把全部心思都放在工作上。雖然說是為了讓家裡的物質條件更加充裕，但是一定不要忽略孩子在精神上的需求，能留下陪孩子就儘量留下，畢竟孩子的成長只有一次。

　　（2）如果實在是不能長期陪在孩子身邊，那就抽空定期地帶孩子出去玩吧！一次小小的家庭聚會，一次週末的家庭露營或是一次遠方的旅行，都能增進家庭成員之間的感情。而且還能借此開拓孩子的視野，認識一些好朋友，讓孩子變得更加優秀。

　　（3）不在孩子身邊，但也一定要了解清楚孩子的喜好，可以不定期地給孩子郵寄他喜歡的書籍、玩具或是物品等。孩子收到這樣的禮物心裡無疑是開心的，他會知道爸爸（媽媽）雖然不在身邊但他惦記著自己，還知道自己喜歡的東西呢。

　　（4）每天晚上在孩子睡前都儘量和孩子通電話說說話，不要只問孩子的學習情況或者生病沒有，記得也問問孩子「今天學校裡發生什麼有趣的事情沒有啊？」「今天的心情怎麼樣啊？」這一類能拉近與孩子距離的問題。

　　（5）父（母）不在孩子身邊，老人能做的事情又比較有限，這也是鍛鍊孩子獨立能力的時候，所以要時常教孩子一些基本的生活常識。在這方面多花點心思，讓孩子理解並掌握生活的常識，運用到生活中去，這樣才能真正讓孩子獨立起來。

　　（6）對於離異式單親家庭，假如其中一個是繼父（繼母），只要雙方互敬互愛，有著良好的家庭氛圍，也將有利於孩子的成長。如果父母雙方在感情上互相支持，還能夠化解對方對孩子不必要的擔心和憂慮。這樣，孩子也

轉角遇到幸福：寫給單親爸媽
上篇 告別昨天

能對婚姻關係有一個正確的認識，形成一個良好健康的婚戀觀，長大以後就能夠參照某種模式來經營好自己的婚姻。

可以更好

因為父母離異，何佳五歲就與爸爸分開了。她對爸爸的記憶只有小時候的一點點印象。雖然媽媽很想要給她完整的愛，但是每當筋疲力盡的時候，媽媽就會變得非常苛刻和暴躁，沒有了平時的溫柔。何佳知道，這都是因為媽媽太累，所以她小小年紀就學會了體諒媽媽。但是，在她的心裡多麼想與其他同伴一樣，可以在媽媽生氣時得到爸爸的呵護。

好在雖然她的父母離了婚，但在對待女兒的態度上有著一致的主張。他們都認為父母的責任不會隨著婚姻的解體而完結。雖然何佳的爸爸常年在外務工，不能陪伴在女兒身邊，但是只要他回到家鄉，就一定會帶上女兒去參加自己與朋友的聚會。有一次，愛好戶外運動的爸爸，帶著女兒和一群朋友一起去了山裡，他們徒步在森林和溪水間穿行。她第一次參加這樣的遠足，有些緊張。但是，她看到爸爸和一群叔叔阿姨不畏艱辛，一路上歡聲笑語，漸漸地她也放鬆下來，完全沉浸在探索大自然的喜悅當中。那天晚上，他們在一處山岩底下搭起了帳篷。深夜，何佳被爸爸搖醒。爸爸叫她輕一點，然後慢慢打開了帳篷。一瞬間，何佳以為看見了滿天星星掛在對面的山岩上。等到她完全清醒過來，才看清楚是千萬隻螢火蟲在巨大的岩壁上閃爍。牽著爸爸的手，她激動得小聲歡呼起來。那時候，她深深體會到了爸爸的愛與呵護。

在後來無論是高中入學考、大學入學考，還是在面對其他難過的關頭，雖然爸爸不能時刻在身邊，但是那個難忘的夜晚，那一大片閃爍發光的螢火蟲，都帶給了何佳足夠的信心，讓她健康地成長。

滴海藏笈

1. 什麼是寂寞？寂寞是一種病，是一種精神的饑餓。既然是病，就需要治療。寂寞的人如何找到治療的方法？方法就是人群，寂寞的人總是需要他人的陪伴。

——陳果

2. 家庭中正常關係的失調，是以後產生精神和情緒的各種病態的肥沃的土壤。

——杜威

3. 友善伴隨著孩子，他看見灑向人間的都是愛。

——羅樂德

二 這是男子漢的事情

心語故事

吳先生是一位單親爸爸。幾年前妻子在一次意外中永遠離開了人世，使得原本溫馨幸福的三口之家就這樣被拆散了。從此，吳先生帶著兒子辛苦地生活。最近，吳先生覺得很苦惱，因為小學五年級的兒子越來越不願意說話，吳先生每次和兒子說話兒子都是一副不耐煩的樣子。早上兒子拖拖拉拉，吳先生擔心兒子遲到提醒他快一點，兒子便不耐煩地回一句：「你煩不煩啊！」兒子看電視，有時候吳先生提醒他不要看得太晚，兒子又是一句不耐煩的「我自己知道，不用你說。」吳先生思來想去也不明白自己怎麼得罪兒子了，為什麼他跟兒子會這麼難溝通？妻子的離世給吳先生帶來了莫大的痛苦，他久久不能從妻子離世的陰影中走出來，兒子的教育重擔，也全部砸在了吳先生一個人頭上。各種重磅炸彈一起扔過來，漸漸地，吳先生實在沒轍了。他聽說海老師是這方面專家，便帶著兒子來找海老師。

原來如此

男孩在人格發展過程中的超我和自我意識的發展是透過對爸爸模仿來實現的。對於男孩來說，就是透過克服戀母情結，渡過人格成長的危機，繼而追隨效仿爸爸，以期將來也成為像爸爸那樣的人。這也就是所謂的身教重於言傳。對於單親爸爸與兒子住在一起這樣的家庭情況，父親依然像母親一樣細心、耐心地與孩子去溝通的方式不一定適合每一個孩子，但也不能因此完

轉角遇到幸福：寫給單親爸媽

上篇 告別昨天

全忽略與孩子的溝通。像前述所說的一樣，單親爸爸可以透過自己的榜樣行為來影響孩子，給孩子建立積極正面的形象。父親在孩子面前樹立起了高大威嚴的正面形象，孩子會跟隨著父親，效仿父親的榜樣行為，孩子也會從心裡感到折服，若此時再進行有效的溝通與教育的話效果會好很多。吳先生對兒子的教育就可以從樹立榜樣、發揮榜樣作用開始，當成功發揮榜樣作用後再與兒子進行溝通會順利很多。

案例中，吳先生自己都一直不能從妻子離世這件事情中走出來，長久陷入這種痛苦的情緒，使這個單親家庭的氛圍變得更加凝重、壓抑。兒子不能從他身上感受到剛強、堅毅等品格，更沒有一個輕鬆、愉悅的家庭氛圍。這樣負面的教育環境只會導致孩子成長路上不好性格的形成。

溝通祕笈

吳先生聽了海老師的解釋後似乎明白了些什麼，但他依然不知如何對孩子進行教育。在此海老師給了他一些具體的做法：

（1）日常生活中注意自己的一言一行，以身作則，不要放過任何一個可以給孩子做榜樣的細節。托爾斯泰有句名言，全部教育，或者說千分之九百九十九的教育都歸結到榜樣上，歸結到父母自己的端正和完善上。這便是育人先育己。孩子看著威嚴父親的一言一行，隨時都有可能進行模仿。

（2）有目的地和兒子開展一些小遊戲，在遊戲中給孩子樹立男子漢的榜樣。現在處於互聯網發達的時代，網上查一查或者育兒類書籍裡都可以找到此類小遊戲。甚至你可以聽孩子的意見，和孩子一起玩他喜歡玩的遊戲。因為每一個遊戲的背後一定有其教育的意義。

（3）可以約上三五好友，幾個家庭一起在週末結伴出遊，增加生活的趣味，增強與孩子的互動。這樣不需要太多的語言，就能拉近爸爸與孩子心的距離。孩子會喜歡這種人多熱鬧的場合，你與孩子的心情會變得明朗起來。

（4）在進行榜樣作用的過程中，記得不要忽視與孩子的溝通交流。在他心情比較愉快的時候和他聊天，把握好與孩子溝通的時機，待與孩子的距離越來越近之後他會主動與你交流。

可以更好

　　36 歲的單親爸爸黃先生有一個聰明可愛的兒子恆恆。和前妻離婚 4 年來他一直自己帶著兒子。說起當時和前妻離婚，黃先生對海老師說：「離婚的時候，我堅決要自己帶孩子。一方面，孩子是個兒子；另一方面，男人總要比女人剛強一些。我總覺得孩子和媽媽一起生活很辛苦，有種母子倆相依為命的感覺。但跟著我的話會好很多，加之我的經濟條件也還行。父親這個角色在我的眼裡就像孩子可以依賴的一棵大樹一樣，能為孩子帶來安全感。尤其對於男孩子來說，和父親一起生活才能學會怎樣做一個真正的男人。」聽完黃先生這番話，海老師心想：不錯，雖然想法有點大男子主義，卻是一個有擔當的父親！在平日的生活裡，黃先生也努力在孩子面前樹立一個高大可靠的父親形象，無論說話做事都說一不二，使得恆恆現在也變成了一個小小的男子漢了。好幾次，恆恆去媽媽那邊被媽媽送回來的時候，都得到了媽媽的表揚。恆恆媽媽告訴黃先生：「這傢伙現在越來越懂事了！這幾次來我這邊都說我是女生，他是男生，所以他要保護好媽媽，不能讓媽媽被別人欺負！」一個七歲的孩子說出這話來，聽著心裡真是欣慰啊！

滴海藏箴

　　1. 命令只能指揮人，榜樣卻能吸引人。

　　——威·亞歷山大

　　2. 一個榜樣勝過書上二十條教誨。

　　——羅·阿謝姆

　　3. 我們不能為了懲罰孩子而懲罰孩子，應當使他們覺得這些懲罰正是他們不良行為的自然後果。

　　——盧梭

三 清晨的一碗小麵

心語故事

　　來看看海老師的一個來訪者的故事吧。曹某，男，現年 16 歲。在 13 歲時父親因病去世。去世前父親望著兒子，拉著母親的手，斷斷續續地留下「就算砸鍋賣房也要供兒子讀完大學」的遺言。一個農村女人，為了能讓兒子順利求學，母親除了務農還在臨近鄉鎮打工，賺取少量工資，姐姐因為家裡的困難主動放棄上學。曹某原來的學習在班裡算中上，母親認為只要經濟上支持他就可以了。所以，母親一心賺錢養家，從來不問兒子的學習。而兒子因母親的加倍努力，獲得了更大的經濟自由。一次，有同學約他去網咖查資料，查完資料後教他玩了網路遊戲。來自農村從未接觸過網路遊戲的曹某覺得十分新鮮，幾個回合下來，玩得比同學還要好，同學十分佩服。這次遊戲極大地增強了他的自信心，從此，他常邀約同班喜歡網路遊戲的幾個同學對戰。他在遊戲中的高超技藝和同伴的崇拜大大滿足了曹某的虛榮心，他感到一種從未有過的成就感。從此一發不可收拾，也導致學習成績迅速下降。由於曹某按時回家，母親沒有察覺，依然專心地賺錢養家，累出了一身病。直到老師對曹某多次教育無果後，輾轉將消息帶給她，她才發現。曹某沉迷於網路遊戲無法自拔，並且多次違反學校紀律，學校決定開除他，他的母親痛哭著跪倒在老師辦公室。

原來如此

　　家庭的變故對孩子的影響不可小覷。孩子的變化是一點一點積累的，但只要家長能夠細心一點，處理好雙方關係，給予孩子足夠的關愛，就不會對孩子造成太大的影響。因此，家長不可忽視生活中的每一個小細節。作為單親家長，更應該在生活中給予孩子無微不至的照顧，積極關注孩子的內心，並用每一個小小的細節來拉近與孩子的距離，了解孩子的心理，隨時觀察孩子內心或行為上是否有變化。

曹某的母親由於要支撐家裡的經濟開支，一心放在了賺錢上，基本不關心孩子的學習生活，更別說心理上的關心了。所以導致曹某在得到母親給予的經濟自由、時間自由的情況下，陷入網路的世界一發不可收拾。

粗心的曹某母親由於疏於關心孩子的生活、學習及心理，當得知孩子由於沉迷於網路遊戲無法自拔，並多次違反學校紀律要被開除時，除了哭泣與求情，祈求能讓孩子獲得重新學習的機會外，曹某的母親最應該做的就是未來在細節上多多關心兒子。

溝通祕笈

面對這樣的情況，海老師又要以豐富的教育與心理諮詢經驗為大家提供解決技巧啦！

（1）做一個細心的單親媽媽（爸爸）。在有基本經濟基礎的條件上，做一個細心的單親媽媽（爸爸）吧！除了學習，對孩子的生活、心理也要多費心關注，讓孩子能夠全方位健康成長！

（2）從各方面與孩子建立良好的關係，得到孩子的信任。在交流方面，要積極主動地與孩子進行溝通，不管孩子對你說什麼，一定要耐心地傾聽完再發表意見，一定不要打斷孩子的傾訴；注重交流的技巧，在孩子不願意說話的時候，建議用一些封閉式的提問，如問他：「你是不是……」「……是這樣的嗎？」這一類只需孩子點頭或者搖頭的問題，待孩子情緒平復了之後可以用一些開放式的提問方式詢問孩子發生了什麼事情，如詢問：「能不能告訴媽媽今天為什麼不開心呀？」「現在你能告訴媽媽發生什麼事情了吧？」隨時記住，施以耐心，施以愛心。透過這樣的方式，與孩子的交流才不會遭到孩子的拒絕。

（3）注重細節上的關心與照顧。在細節上，千萬不要偷懶。像下述「可以更好」中的案例一樣，冬天裡為孩子煮上一碗他最愛的熱騰騰的小麵，既溫暖了孩子的心，也拉近了母子間心的距離。

可以更好

小仲作為土生土長的重慶人，非常愛吃重慶有名的小麵。以前海老師總是帶著小仲在小區門口的早餐店來一碗小麵作為早餐。和丈夫離婚後，海老師比以前更加關注孩子的教育問題，也非常重視與小仲的溝通。為了能讓小仲感受到母親對他的愛，海老師想：要不我親自下廚給兒子煮碗小麵？看看這小傢伙什麼反應。於是，海老師嘗試第一次給小仲在家裡煮小麵。海老師沒有告訴小仲第二天要為他煮小麵作為早餐，想要給他一個驚喜。那天，海老師比平常早起了半小時，親自給小仲煮了麵放在餐桌上。小仲起床後一看到桌上的小麵便叫了起來：「媽媽，媽媽，這是你煮的嗎？」海老師會心一笑：「對呀！媽媽親自給你煮的哦！快嘗嘗看！」小仲難以掩飾心中的喜悅，立刻嘗了兩口：「媽媽，你做的小麵真好吃！要是知道你會做的話我們早就不用去門口的早餐店吃啦！哈哈，媽媽你以後開一個小麵店吧。」看著小仲的興奮勁兒，海老師知道她的嘗試成功了。從那以後，海老師常常早起給兒子煮小麵吃，雖然要提前半個小時起床，但看到兒子滿足地吃著早餐的樣子，海老師覺得是值得的。清晨的一碗小麵——讓母子之間的距離更近了。

滴海藏箴

1. 細節不是「細枝末節」，而是用心，是一種認真的態度和科學的精神。

——汪中求

2. 細節是能夠體現事物內在聯繫和實質的微小事物和情節。

——汪中求

3. 如果有人問我，教育孩子需要哪一種資格，我會說那需要異乎尋常的耐心和適量的愛心。

——伊羅絲

四 嗨，夥伴！

心語故事

　　成成的父母在他很小的時候就離婚了，離婚後他一直跟著媽媽生活。成成的父母都是商人，家裡物質條件較好，家境也相當優越。成成的父母出於對成成的內疚，只要成成提出物質方面的需求都會儘量滿足他。爸爸每天給他固定的零花錢，花完了他就找媽媽要。媽媽出手也非常闊綽，有時候媽媽給的也用完了他就伸手向爺爺奶奶要。這樣一來，小小年紀的成成一個月光零用錢就有一千塊。而成成的這些零用錢並沒有花在該花的地方，他每天請朋友吃零食，只要身邊的同學開口向他借錢，他都毫不猶豫地借給別人。有時候甚至不要同學還，買零食吃只要感覺不好吃就扔掉。花錢大手大腳、浪費的壞習慣就這樣不知不覺養成了。爸爸媽媽偶爾提醒他花錢的時候要有計劃，他就大發脾氣，又哭又鬧，父母也無可奈何。

原來如此

　　單親家庭的家長在教育孩子上最容易犯的錯誤便是更加溺愛孩子或者對孩子更加嚴厲了，這兩種方式都會對孩子的成長產生不利的影響。出於離婚給孩子帶來傷害的愧疚感，對孩子過度保護，溺愛孩子，憐憫孩子，都會使得在孩子的教育中缺乏應有的管教與批評。長期這樣「放羊式」的教育，就讓孩子養成很多不良的習慣。

　　上述案例中成成的壞習慣及壞脾氣的養成便是父母溺愛釀成的後果。在父母的教育中，如果不對孩子的這些不良行為進行制止，他們便會認為自己沒什麼錯，這些錯誤的行為便會繼續發展。

　　對於更加嚴厲的管教方式，單親父母也許是出於擔心孩子因為家庭變故走入歧途而加強對孩子的管教。但孩子的年齡與心智都在一個較低的水平，他不能夠理解父母為什麼要這樣做。相反，他會質疑媽媽（爸爸）對他的愛，這反而加強了他的逆反心理，故意跟父母對著幹。這樣不利於父母與孩子之間的親子關係。

轉角遇到幸福：寫給單親爸媽

上篇 告別昨天

記著，用同樣的眼光去看待你的孩子，他和別的孩子沒什麼差別。對溺愛與嚴加管教說「NO」吧！

溝通祕笈

除了心態上要用同樣的眼光看待孩子以外，你還可以這樣做：

（1）一定要告訴孩子並且反覆強調：爸爸媽媽雖然分開住，但是我們對你的愛是不變的，爸爸媽媽依然會像以前一樣愛你，你和別的小朋友沒有差別。不要讓孩子錯以為離婚是因為他，是因為這樣爸爸媽媽對我和以前不一樣了。

（2）單親媽媽（爸爸）遇到不懂的問題要有勇氣向孩子請教，在孩子面前做錯事情的時候也要有勇氣承認自己的過失。這樣一方面可以營造出一種平等的氛圍，讓孩子感受到自己受到了重視；另一方面，也給孩子樹立了正面的榜樣。

（3）避免用補償的心態來對待孩子，尤其在管教方法上。離婚前怎樣，現在依然怎麼樣。如果因為覺得離婚虧欠了孩子就百般寵愛孩子，最後的結果可能是寵壞了孩子。因此原有的原則一定要保持。

可以更好

郭女士並沒有因為離異而用其他的眼光看待自己與女兒，相反她認為單親家庭也是家庭的一種形式，雖然有它的弊端，但同時也一定有可以從中鍛鍊自己的地方。用平等的眼光來看待單親家庭，看待單親家庭的孩子，這本身就是一種很好的心態，這也是郭女士的女兒能如此健康成長的祕訣。郭女士因小兒麻痺左腿殘疾，多年來獨自撫養女兒，如今女兒已在讀高三，「身高176公分，性格活潑開朗，漂漂亮亮走在身邊，就是我最大的財富」。郭女士一直認為單親家庭不是問題，單親家庭中的孩子也不是問題，關鍵要看單親家長本身的心態和觀念。在她看來，單身母親應該比一般人更加堅定、更加樂觀。「錢多有錢多的花法，錢少也有錢少的花法。即使是在最艱難的時候，只要有健康的心態，就能挺過來。」19年來，郭女士和女兒就像姐妹

一般，每天有固定半小時的溝通時間，母女倆互相分享彼此的喜怒哀樂，「只要把自己的心態、觀念、能力處理好，給孩子的家還是溫暖和安定的」。「對孩子來說，可能現在是缺失了一部分愛，但她也有其他的收穫。」

滴海藏箴

1. 在影響學生的內心世界時，不應挫傷他們心靈中最敏感的一個角落——自尊心。

——蘇霍姆林斯基

2. 孩子是活生生的生命，美好的生命，因此對待他們就該像對待公民一樣，必須了解和尊重他們的權利和義務：享受快樂的權利，擔當責任的義務。

——馬卡連柯

五 爸爸是你的大樹

心語故事

豆豆是一個 4 歲的小男孩，媽媽在他剛滿週歲不久便因為意外離開了人世。豆豆從小就特別愛哭，一天能哭上十幾次。爸爸提醒豆豆晚上不要玩太晚，豆豆也能哭得稀里嘩啦，哭到話都說不出來。豆豆爸爸因為豆豆從小沒有母親，所以非常嬌慣他。現在的豆豆只要有一點不如意的地方就會以哭的方式表達強烈的不滿，只要一哭他就能達到自己想要的目的。不僅僅在家裡，就是在幼兒園裡，豆豆在老師同學們面前也是這樣，哭起來沒有辦法控制，而且拒絕出去玩，拒絕上課，只願意和爸爸玩。爸爸也總是耐心地陪著他玩，如此一來，豆豆可以很長時間不出家門，但只要爸爸一走開，他就又開始大哭大鬧。

原來如此

父親的角色在孩子的成長過程中有著不同於母親的獨特作用。父親在孩子的心目中應該是有力量、有威信，並且給孩子帶來強大安全感及心理寄託的人。人們也常常將父愛比作大樹，當下熱門的親子類節目《爸爸去哪兒》

轉角遇到幸福：寫給單親爸媽

上篇 告別昨天

中的主題曲歌詞中也寫道：「寶貝，寶貝，我是你的大樹……」這也將父親這棵為孩子擋風遮雨的大樹形象地描寫了出來，道出了父愛的作用。

因此，作為單親爸爸，在教育孩子上需要有一些小小的方法。在該案例中，豆豆的爸爸由於沒有很好地樹立爸爸的威嚴形象，沒有發揮父親對孩子的教育與榜樣作用。他只是一味可憐孩子沒有母親，對孩子嬌生慣養，使孩子養成了用「哭泣」的方式來達到自己目的的壞習慣。

豆豆爸爸此時需要做的就是在豆豆面前重新樹立威嚴的慈父形象，停止對豆豆的嬌慣，讓豆豆知道哭是解決不了任何問題的，並在日常的生活中，抓住每一個細節為豆豆做示範。

溝通祕笈

海老師在此也向各位單親爸爸們提一些溝通的建議：

（1）雖說父親的形象比較威嚴，但也要避免一味嚴格，該柔的時候也得柔。在孩子面前一直太剛硬會讓孩子產生距離感，不敢親近。在樹立威嚴的同時，也要讓孩子感受到你的愛，使孩子從心底裡欽佩自己的父親，把父親當作自己的榜樣，主動去模仿父親的行為。

（2）多一些陪伴孩子玩的時間。可以不用說太多話，哪怕坐在他的身邊和他一起搭積木，一起玩黏土，一起去遊樂園。

（3）在與孩子發生不愉快時，記得一定不要威脅孩子把他送到媽媽那邊去（離異式單親家庭），這對孩子幼小的心靈來說是致命傷。

可以更好

郭先生本來有個幸福的家庭，妻子和他都是一家網路公司的職員，兩人結婚又生下了可愛的女兒貝貝。可就在女兒剛滿週歲時，妻子就被查出患了晚期乳腺癌，病魔最終奪去了妻子年輕的生命，而且從檢查出病情到妻子的離世只經過了短短的半年。一歲多的貝貝還不知道媽媽永遠離開這個世界是什麼概念，而郭先生卻要一個人承受著深愛的妻子離開人世的痛苦，還要一邊工作一邊照顧年幼的女兒。由於女兒年紀比較小，郭先生為了能有更多自

由支配的時間照顧女兒，索性辭職自己在電腦城裡租下一個小櫃臺做起了生意。他在一邊做生意的同時，一邊學習怎麼做飯，怎麼照顧孩子。生意上，郭先生的踏實勤奮，也為他帶來了一批固定的客源，生意也慢慢上了正軌。經濟條件慢慢好了起來，女兒也在他的精心呵護下健康地成長著……

滴海藏笈

1. 父親，應該是一個氣度寬大的朋友。

——狄更斯

2. 使你的父親感到榮耀的莫過於你以最大的熱誠繼續你的學業，並努力奮發以期成為一個誠實而傑出的男子漢。

——貝多芬

3. 恐懼時，父愛是一塊踏腳的石；黑暗時，父愛是一盞照明的燈；枯竭時，父愛是一灣生命之水；努力時，父愛是精神上的支柱；成功時，父愛又是鼓勵與警鐘。

——梁鳳儀

第六章 要陽光也要雨露

孩子就像新生的小樹一樣，而父母就像陽光與雨露，這顆小樹要健康地成長，需要雨露，也離不開陽光。

父母分開之後，因兩個不同的家庭環境所致，會給孩子帶來許多的困擾。父母如果不能及時覺察、體諒並幫助孩子，在兩個不同的家庭之間順利過渡，孩子的心裡就會產生持續的困惑，影響孩子的健康成長。

下面是國中生小宇告訴海老師的故事，或許是這種困擾的小小縮影。

在爸爸剛搬的新家裡，大家都圍坐在電視機前，不知從何開始談及這臺電視效果很棒，於是我順便問到電視以什麼價格入手。

「這個電視三萬多一臺。」

「啊！這麼貴啊！」

我表示從未聽說過有電視機如此昂貴：「三萬多都可以買輛摩托車了！」

繼母莞爾：「但是摩托車買來有什麼用？」

因為我媽媽一直希望能夠擁有一輛摩托車，我很自然便聯想到作為代步的摩托車大概也就四萬。

我很是不解，但並未從繼母口中聽出任何不悅抑或是弦外之音，想了想緊接著追問道：「買摩托車為什麼沒有用呀？」

後續的對話逐漸升溫，而話題當然也不僅停留在電視機、摩托車上面了。

爸爸終於再也忍不住了，他大發雷霆。我哭訴說我感到兩個家庭的不平衡，而爸爸駁斥我說什麼不平衡，當然，我只是不想直接講出為什麼我是找爸爸買衣服而不是找媽媽買鉛筆這個事實。

也不知道我那晚到底哭明白了什麼，反正最後得到的結論大致就是：大人的事小孩子別管。

在這以後，我再不敢向父親過問家事。

一 我也想牽爸爸溫暖的手

心語故事

林珊是海老師的高中同學，她有一個外表漂亮的女兒名叫小葉，今年14歲了。在小葉5歲那年，林珊與她的老公離婚了。知道海老師現在從事心理諮詢的工作，她主動找到了海老師並聊起了女兒的事情。

以海老師對林珊的了解，她是一個事業有成而又性格堅強的女性。多年來，家裡的大事小事都是她一個人解決。她告訴海老師她常常對小葉說：雖然爸爸不要我們了，但媽媽還是會努力給你一個完整的世界，讓你感受到所有的父愛和母愛。

因此，平日裡除了林珊不願讓小葉過多和爸爸接觸外，女兒的生活在同學眼中也是很令人羨慕的。每天上學，小葉都是由林珊親自開車接送，她穿著漂亮的衣服，背著漂亮的書包。到了週末，林珊不是帶她去飯店吃飯就是帶她去必勝客吃她喜歡的披薩。

但有一天，意外發生在了小葉身上，老師、同學都為此大吃一驚。小葉同學的家長告訴老師，他偶然看到小葉與一個十五六歲的「小混混」在酒吧裡抽煙、喝酒、摟摟抱抱還接吻。班導師把這件事告知了林珊，林珊知道這件事情後非常傷心，質問小葉為什麼要這樣做。小葉非常氣憤地指責她：「我明明有爸爸，你為什麼不讓我去爸爸家？為什麼不讓爸爸去學校接我？同學們都以為我沒有爸爸！」

林珊聽後徹夜難眠，覺得女兒完全不理解自己的一片苦心。

原來如此

在聽完林珊的講述後，海老師發現她犯了一個離異家庭家長常犯的錯誤，把對丈夫的不滿發洩在了女兒身上。夫妻在離婚之後可能形成五種不同類型的關係：朋友型、合作型、冤家型、敵對型和絕交型，父母雙方以何種方式相處會直接影響孩子的成長。離婚不一定就會給孩子帶來傷害。只要父母雙方能夠恰當得體地選擇好雙方相處的方式，正確地看待和接納孩子與另一方的相處，不將對前妻（或前夫）的怨恨發洩到孩子身上，更不要因為怨恨而阻止孩子與媽媽（或爸爸）的相處，這樣離異家庭的孩子依然可以像完整家庭的孩子那樣健康成長。

在林珊的故事中，她與前夫就不屬於前兩種關係。她將對前夫的埋怨遷怒到孩子身上，阻止孩子與父親的相處，以為只要努力工作掙錢給予女兒富足的物質生活就可以彌補孩子缺失的父愛。而林珊沒有考慮到的是，這些物質上的東西並不能取代女兒對於父愛的需求。

處在青春期的小葉更容易受到同齡人的影響。在缺失父愛的情況下，她在對媽媽阻礙自己和父親來往的牴觸情緒中去接近異性的同齡人，以彌補失去的男性注意力以及表達對男性的依戀。生活中，不乏像林珊這樣的單親媽

轉角遇到幸福：寫給單親爸媽
上篇 告別昨天

媽（爸爸）。她們忽略了孩子對於父愛（母愛）的心理需求，將彼此間的怨恨遷怒到孩子身上，不願讓孩子與另一方有過多接觸，以此剝奪了孩子獲得父愛（母愛）的權利。

離婚後，在對方積極給予父愛（母愛）的情況下，一定不要剝奪孩子獲得父愛（母愛）的權利。如果你阻止，孩子會在心裡默默地埋下怨恨的種子，即便你給予再多補償也無法消除孩子心中那份埋怨。當她心中那顆怨恨的種子開始發芽後，便以一些反叛的做法將心中的不滿表達出來，這樣對孩子的健康成長是極其不利的。

溝通祕笈

聽完海老師的分析後，林珊恍然大悟。看著女兒變成現在這樣，她似乎有些後悔自己之前的做法了。她急切地讓海老師給她一些實用的建議，一方面想改善與女兒間的關係，另一方面想幫助女兒早日走上正道。海老師隨後給了她一些小小的建議。

（1）拋下對前夫（妻）的怨恨，重新審視你們之間的關係。把你的前夫（妻）視作你孩子的父親（母親），即使他（她）不是一個稱職的丈夫（妻子），但並不代表他（她）不是一個稱職的父親（母親）。你與他（她）的共同目的是為了撫育孩子，讓孩子健康快樂地成長。

（2）處理好孩子的探視問題。如果你是監護方，要正確看待和接納對方探視孩子的問題，不要試圖阻止孩子與另一方的交流與溝通，因為孩子不僅有獲得母愛的權利，也有獲得父愛的權利。如果你是非監護方，要積極主動與對方進行協商，制訂探望孩子的時間表。在探望時要與孩子進行積極有效的溝通，主動了解孩子的學習生活；在非探望的時間裡，也要常常與孩子透過電子郵件、電話等方式進行溝通，讓孩子時刻感受到你對他的愛。

（3）作為監護方，不僅不要阻止孩子與對方的往來，而且還要鼓勵孩子與對方進行溝通，與對方一起多參加一些活動。例如可以在探視時間之外一起去看電影、野餐或參加一些其他的活動。

（4）讓前夫（妻）參與到孩子平時的一些重要活動中。例如孩子的生日派對、學校的家長會、運動會、重要節假日（如春節、中秋）等，這樣會讓孩子感受到非監護方依然在孩子的生活中占有很重要的地位。

（5）在一些特殊的節日（父親節、母親節或對方的生日）時，如果孩子正在為此而做著準備（布置場地或挑選禮物等），不要視若無睹，要主動幫助孩子一起挑選禮物或賀卡。

可以更好

幫助林珊分析完之後，海老師給她講述了海老師身邊一個離了婚的好姐妹的案例，並且讓她放心，只要父母處理得當，孩子是可以健康地成長的。

小凌是海老師好姐妹曉曉的兒子，他是一名高中二年級的學生，品學兼優，多才多藝，而且全面發展，在學校裡獲得了老師和同學們的高度讚揚和肯定。在同學們面前，小凌總是熱心助人、充滿活力、充滿陽光。

這樣一個好孩子，他的家庭環境卻不盡人意。在他上小學三年級時，曉曉和老公離婚了。小凌從此離開了爸爸媽媽，開始和外公外婆生活在一起，外公外婆擔心小凌會因為缺少父母的關愛走上歧途。於是，父母離婚後不久，老倆口便召開家庭會議，強制規定：不管大人有什麼過錯，都不說給孩子聽；不管有多麼困難，都要給小凌創造一個和諧溫馨的家庭氛圍；品德教育要從「愛的教育」開始。

於是，爸爸媽媽、外公外婆約定：讓小凌和他的爸爸、爺爺奶奶一家保持原有的交往，不讓孩子恨他的爸爸，並鼓勵他要多多關愛爸爸；每到父親節、母親節，小凌都會在外公外婆鼓勵下問候爸爸媽媽，平時爸爸也常常來外公外婆家看望小凌，使小凌感覺雖然不能與爸爸生活一起，但並沒有失去父愛。

小凌在外公外婆的悉心教導下，並沒有失去愛人的能力和寬廣的胸懷。這是「愛的教育」製造的和諧家庭氛圍給予小凌最寶貴的東西。

轉角遇到幸福：寫給單親爸媽
上篇 告別昨天

滴海藏箴

1. 作為男人的一生，是兒子也是父親。前半生兒子是父親的影子，後半生父親是兒子的影子。

——賈平凹

2. 媽媽是我最偉大的老師，一個充滿慈愛和富於無畏精神的老師。如果說愛如花般甜美，那麼我的母親就是那朵甜美的愛之花。

——史提夫·汪達

3. 全世界的母親多麼的相像！她們的心始終一樣。每一個母親都有一顆極為純真的赤子之心。

——惠特曼

二 爸爸，我不喜歡你說媽媽的壞話

心語故事

筠筠是一個 13 歲的小女孩，爸爸媽媽在她 6 歲那年離婚了，離婚後筠筠跟爸爸生活在一起。自從媽媽走了之後，筠筠的爸爸每天都酗酒，喝醉了就發脾氣，一個人破口大罵，說筠筠媽媽是個不要臉的女人，和別的男人跑了，丟下孩子不管……每次這種時候，筠筠都會很害怕，一個人躲在房間裡不敢出來。筠筠很怕爸爸，平時做家務只要有一點不順爸爸的心，爸爸就會對著她發脾氣：「和你媽簡直一個德行！什麼都不會做，只有跟男人跑的本事。」現在的筠筠不敢違背爸爸的任何意願，她不敢奢望自己能有一個幸福的家，只希望爸爸不要再罵媽媽，不要再這樣發脾氣了。

原來如此

大多數父母在孩子心目中的形象都是美好的。對於單親家庭，在孩子面前說前妻（夫）的壞話容易引起孩子的反感。性格內向的孩子會悶著不說，但對於你這樣說他的母（父）親他會很傷心；而性格外向的孩子可能會出現情緒激動，與你產生矛盾。而聽到你說媽媽（爸爸）壞話卻在內心上和行為

上完全沒有反應的孩子幾乎是沒有的。無論孩子是哪種反應，這樣做對你與孩子之間的關係，對孩子的健康成長都是不利的！

上述案例中，筠筠在爸爸的粗暴行為下因為害怕而變得膽小，因為爸爸的粗暴而不敢違背爸爸的任何意願。爸爸常常在筠筠面前罵媽媽，在詆毀媽媽形象的同時也把自己的慈父形象損壞了。筠筠雖然嘴上什麼都不敢說，但幼小的心靈已經受到了深深的傷害。

溝通祕笈

做個陽光父母，不要將怨恨在孩子面前發洩出來。在孩子面前做個陽光的單親爸爸（媽媽），並在他面前維護好前妻（夫）的形象。孩子需要你為他做一個積極的榜樣，需要一個融洽的家庭氛圍，縱然你和對方已經分道揚鑣。

盡可能妥善處理好與孩子、前妻（夫）之間的關係，營造一個和諧的單親家庭氛圍吧！

可以更好

海老師想起了一個學生蕊蕊的故事。蕊蕊告訴海老師：作為一名在單親家庭長大的孩子，只有自己心裡才知道什麼對自己是有傷害的，我和另外一個很要好的，也是單親家庭成長的朋友一致認為我們這種家庭的孩子最怕的就是別人說自己父母的壞話，哪怕是一點點也會覺得心裡特別難受。在過去的很長一段時間裡，姑姑總愛在我面前說媽媽的不是，一遍又一遍地說。幸運的是，我很感謝父母在離婚後都未曾在我面前數落對方的不是，反倒爸爸知道姑姑在我面前說媽媽壞話後把姑姑說了一頓，從此姑姑也不再提關於媽媽的不好了。媽媽說：「你爸雖說貪玩了點吧，可是你看爸爸為了你也是操了不少心，只要是關於你的事情都會放在第一位……」爸爸也總是「惦記」媽媽的好：「蕊蕊，你看你有一個這麼精明能幹的女強人媽媽，這多讓人羨慕呀，你以後也要儘量成長為像媽媽那樣的人。」諸如這樣的話語總是讓我感覺到爸爸媽媽是我的驕傲，總是讓我覺得自己是被愛著的，我也想得開，

轉角遇到幸福：寫給單親爸媽

上篇 告別昨天

爸爸媽媽離婚沒什麼關係，他們沒必要為了我勉強生活在一起，他們覺得怎麼過幸福就怎麼過。我很感謝自己擁有那麼開明的父母。

蕊蕊爸爸媽媽的做法在很大程度上減輕了父母離婚給蕊蕊帶來的心理衝擊。她的內心不僅不分裂，還學到了豁達與開朗，並且也學會了如何在糟糕的情形下看到積極的一面，所以蕊蕊才會如此坦然接受並且想通父母離異的事實，這也是蕊蕊現在展現出樂觀性格的重要緣由。

聆聽完單親家庭孩子蕊蕊的心聲，有沒有觸動作為單親家長的你呢？

滴海藏箋

1. 我寧願用一小杯真善美組織一個美滿的家庭，不願用幾大船家具組織一個索然無味的家庭。

——海涅

2. 家庭不單是身體的住所，也是心靈的寄託處。

——里耶

3. 家庭是學習舉止禮貌的好場所。如果你的孩子成人後有良好的舉止，這會使他們生活得更加愜意舒適。

——蘇菲亞·羅蘭

三 夾在中間的我

心語故事

小莎的爸爸媽媽離婚了，小莎和媽媽生活在一起。每次和媽媽聊天她都會很開心，但只要一提到和爸爸有關的話題，媽媽都會變得很敏感、易怒。小莎為了討好媽媽，就在媽媽面前不停說爸爸好話：「爸爸對我可好啦，每次去他的家裡他都會給我做好多好吃的，還給我零花錢。阿姨對我也很好，問我想吃什麼她去給我買。」聽到爸爸對小莎還不錯，媽媽的情緒會稍稍平靜下來。每次去爸爸的家裡時也是這樣，不能提到媽媽，一說到媽媽氣氛也

會瞬間變得凝重。這時候，懂事的小莎又只能在中間說好話：「媽媽在家裡還常常跟我說你們以前戀愛的事情呢。」夾在中間的小莎覺得雖然這樣自己會累一點，但是只要爸爸媽媽不要那麼恨對方，她心裡就會好受一些。大人們眼中的小莎是一個非常懂事、快樂、陽光的女孩，包括爸爸媽媽也這麼認為。殊不知，內心細膩的小莎在夜晚悄悄躲在被子裡流了很多淚水。

原來如此

對於離異式單親家庭來說，最讓孩子感到難受的便是爸爸媽媽在指責對方的時候把孩子夾在了中間。這會讓孩子的內心感到非常痛苦，陷入一種糾結的狀態，但這通常是很多離異的單親爸爸和媽媽們意識不到的問題。

案例中的小莎面對父母的彼此指責，為了討好雙方，不得不在中間說好話讓父母的情緒緩和下來。表面上看來這似乎是一個非常懂事的小女孩，但說謊的習慣在無形之中養成了，雖說這也是善意的謊言。但長期這樣夾在中間，雖然小莎嘴上從不說什麼，可是時間長了，會出現一些心理上的反應，如焦慮、壓抑等，小莎晚上躲在被子裡哭泣便是這些心理反應的徵兆。

因此，海老師在此提醒各位單親家長朋友們，你們無意中的問話、行為，都會把孩子夾在中間陷入兩難的痛苦中。這樣的危害並不是立即就能發現的，但時間長了對孩子的傷害是很大的。

溝通祕笈

下面是海老師教單親家長朋友們的一些具體做法。

（1）不要向孩子打聽前夫（妻）的各種事情。有的單親媽媽（爸爸）出於對孩子的關心，問孩子「這個月你爸（媽）給你生活費沒有」。這無形中也會給孩子帶來壓力。要問就直接問對方，與對方進行溝通交流。

（2）與前夫（妻）進行溝通時，不要讓孩子在中間傳話。有什麼事情可以直接通電話講清楚，以免引起孩子的反感。

（3）不要有想拉攏孩子親近自己，疏遠前夫（妻）的想法。這會給孩子造成很大的心理壓力。平時和孩子進行交流的時候，要避免問及「要選擇爸

轉角遇到幸福：寫給單親爸媽
上篇 告別昨天

爸還是媽媽」這樣的問題。對於孩子主動向你們表達的對爸爸（媽媽）的想法，要進行無條件的接納，聽完之後一定要告訴孩子：無論發生什麼事情，爸爸媽媽都會一直支持你、愛你。

可以更好

海老師想起了她的一個學生小于的故事。小于12歲那年爸爸媽媽離婚了，原因是爸爸出軌。小于的爸爸媽媽都是非常優秀的人，爸爸是一名工程師，媽媽是一名大學老師。從小在小于的心中，爸爸媽媽是那麼優秀，那麼值得敬佩和尊重，他從沒想過爸爸會做出這樣的事情來。爸爸媽媽離婚後，小于跟隨著媽媽生活，對於爸爸的埋怨一直埋藏在小于心中，每次一聽家裡人議論爸爸的背叛，小于更是惱恨。爸爸對小于也是滿滿的愧疚，打電話或是相約出去玩都遭到了小于的拒絕。這一切，媽媽全都看在眼裡。

小于的媽媽是一個知性的職業女性，對於這樣的家庭變故，她雖然很無奈，在心底也暗暗埋怨過前夫，但她以開放的心態接受了這一切。看到小于用這樣的態度對待父親，她知道是時候和孩子談一談了：「小于啊，我想你還沒有理解我和爸爸為什麼分開，離婚是我和你爸爸的共同決定，你不應該把所有的矛頭都指向爸爸。我們在一起過得不幸福，所以商量決定分開，這些你以後會慢慢明白。從某種意義上來說，也許還會對你的成長有幫助。你不要這樣記恨你爸爸，我們離婚結束的只是我們的婚姻關係，但你與爸爸的血緣關係是一輩子都斷不掉的。而且你的爸爸是那麼地愛你，每次你不願意接他電話，他就只能向我打聽你所有的情況，好幾次聲音都哽咽了。雖然你現在還是個孩子，但媽媽認為你應該理性地看待這件事，理解爸爸對你的愛。作為母親，我看到你和爸爸之間正常的父子關係也會感到欣慰。」聽完媽媽的話，小于說雖然當時還是不能完全理解，但是想到最應該恨爸爸的人是媽媽，而媽媽卻是那麼善良、那麼善解人意，她希望我能和爸爸好好相處，媽媽確實是一個偉大的母親！

從那之後，小于和爸爸的關係慢慢開始融洽起來。爸爸與小于，爸爸與媽媽之間的關係一天比一天融洽。小于考上大學後，爸爸媽媽還一起陪他出國旅遊，以此表示對小于的祝賀。

滴海藏箴

1. 一家人能夠相互密切合作，才是世界上唯一的真正幸福。

——居禮夫人

2. 和睦的家庭空氣是世界上的一種花朵，沒有東西比它更溫柔，沒有東西比它更適宜於把一家人的天性培養得堅強、正直。

——德萊賽

3. 尊重他人的、有責任感的孩子，產生於愛和管教適當結合的家庭中。

——詹姆斯·多伯森

四 你們一起來參加畢業典禮吧

心語故事

小龔無法原諒妻子的出軌，折騰了半年後，兩人終於協議離婚了。離婚後兒子噹噹和他生活在一起。可即使離婚了，小龔卻始終解不開心裡的結，整日苦思冥想妻子為什麼要這樣對他，越想心裡越堵得慌，越想越埋怨妻子。每次噹噹問爸爸，媽媽什麼時候來看我，小龔都會不耐煩地說：「不知道，你媽不要你了！她是壞人，你別理你媽。」噹噹每次聽完就大哭大鬧地說：「媽媽不是壞人，媽媽不是壞人。」小龔一聽就怎麼也控制不住自己的情緒，開始對噹噹又打又罵。當媽媽來看噹噹的時候，小龔更是不愉快，有時候甚至不讓她進家門，就讓她在門口把帶來的一些零食和玩具給噹噹，只讓他們說兩句話就催噹噹趕緊回家。小龔心裡也知道自己這樣做是不對的，即使噹噹的媽媽再有什麼錯，那畢竟是孩子的母親，但他就是控制不住自己。眼看著噹噹馬上就要幼兒園畢業了，噹噹鼓起勇氣央求小龔：「爸爸，你和媽媽一起來參加我幼兒園的畢業典禮好不好？我已經跟媽媽說過了，她都答應了呢！」小龔一聽，氣不打一處來：「不行！你媽都不要你了，參加什麼畢業典禮！她去我就不去了！」兒子聽完，又開始稀里嘩啦地哭起來。

轉角遇到幸福：寫給單親爸媽

上篇 告別昨天

原來如此

　　小龔犯了將對前妻的埋怨發洩到孩子身上的錯誤。也許你認為既然離婚了就有各自的生活，不可能再在一起做任何事情了，但是孩子是沒有任何過錯的，為了孩子的健康成長，有時候你必須理性面對現實。在大人的眼中，也許這只是孩子的一次畢業典禮，沒什麼大不了。但在孩子的眼裡，當他看著自己身邊的同學們都有爸爸媽媽的陪伴來參加畢業典禮，而自己卻沒有，心裡無疑會產生落差，嚴重的甚至會使孩子產生自卑心理。

溝通祕笈

　　讓海老師教教你應該怎麼做吧！

　　（1）孩子提出來想要父母一同參加的場合儘量參加。

　　（2）重要的一些場合，如孩子的畢業典禮、生日會等，孩子不說也可以和前夫（妻）商量一起出席，給孩子小小的驚喜，會增進你們和孩子之間的感情。

　　（3）如一起出席實在有困難，也不要用直接的方式拒絕孩子，應用委婉（孩子能接受的）的方式（如爸爸那天正好有工作）來告訴孩子。

　　（4）節日的時候（春節、中秋節等）與前夫（妻）商量好孩子在哪邊過，可以今年在爸爸這邊，明年在媽媽那邊或者春節在爸爸這邊，中秋節在媽媽那邊。總之，不要產生分歧，不要讓孩子因為這樣的事情煩惱。當孩子在你這邊過節日的時候，不要忘了主動地提醒一下孩子可以給爸爸（媽媽）送上節日的祝福。這樣，孩子更能夠感受到一種和諧融洽的氛圍。

可以更好

　　海老師至今還能想起小仲在小學畢業晚會的舞臺上看到自己和前夫站在一起看他表演時那又驚又喜的眼神。雖然兒子沒有主動要海老師和前夫一同參加，但海老師明白小仲心裡的期待。畢業晚會前兩天，海老師和小仲像往常一樣睡前在床上聊天。小仲突然對她說：「媽媽，我們的畢業晚會好多同學的爸爸媽媽都要來看我們表演呢！」海老師聽完後心裡感到了一絲酸楚。

自從和前夫離婚後，他們沒有一次共同出席過小仲的生日會或者節目演出。海老師深知這對於單親家庭的孩子來說會更重要，第二天海老師就給前夫打了電話。海老師的前夫是一位明事理的畫家，聽完海老師的話後，很乾脆地答應一起去參加小仲的畢業晚會。他們還約好了不告訴小仲，等他上臺表演的時候給他一個驚喜。畢業晚會那天，小仲再一次感受到了爸爸媽媽對他濃濃的愛。從臺上表演下來，他便朝著爸爸媽媽飛奔過去。

滴海藏箴

1. 教人要從小教起。幼兒比如幼苗，培養得宜，方能發芽滋長，否則幼年受了損傷，即不夭折，也難成材。

——陶行知

2. 孩子們的性格和才能，歸根結底是受到家庭、父母，特別是母親的影響最深。孩子長大成人以後，社會成了鍛鍊他們的環境。學校對年輕人的發展也起著重要的作用。但是，在一個人的身上留下不可磨滅的印記的卻是家庭。

——宋慶齡

五 我不是真的不想理你

心語故事

馬先生今年已經 50 多歲，他的妻子在 5 年前因為腦癌去世了。現在 22 歲的女兒正在讀大學，馬先生感覺女兒的心事越來越多，卻不願意和自己溝通，馬先生不知道用什麼方式去主動和女兒溝通比較好。馬先生一直很擔心，因為他要忙自己的工作賺錢養家，所以能給予孩子的關心與關懷比較有限。看著女兒一天天長大了，而父女間的關係卻一點點地變得冷淡。自從女兒考上大學到外地上學後，他們相處的時間變少了，溝通更是少得可憐。女兒放寒暑假回家，馬先生也不知道和她說些什麼好。女兒比較喜歡看電視劇、上上網、逛逛街，在家也幾乎都是在電腦或者電視前面。馬先生很無奈：「她

轉角遇到幸福：寫給單親爸媽
上篇 告別昨天

喜歡的東西我一點也插不上話，真不知道從哪裡說起。」有時候看著女兒悶悶不樂他會特別心疼，問她怎麼了她又不說，只能看著女兒乾著急。

原來如此

相關研究表明，父母與孩子之間建立良好的關係，不僅對孩子的性格發展有重要影響，而且對他在學校的課業成績也有一定影響。因此，與孩子建立良好的關係，深入了解孩子的身心健康對孩子的成長是非常重要的。很多單親家長容易走入只關注孩子學習或者生活，忽略孩子內心的真實感受的誤區。對孩子來說，他有時不會主動地去表達自己內心的想法，這時候就需要家長主動地接近孩子，想辦法走進孩子的內心，並使孩子信任你，願意把自己的內心世界向你敞開，只有這樣你才能更好地、全方位地關注孩子的健康成長。而這些溝通的方法海老師會在下面的溝通祕笈裡告訴各位單親爸媽。馬先生只是乾著急卻沒有採取任何行動，所以即使問了女兒，也得不到女兒的信任，因為他沒有走進女兒的內心，所以她依然不願意告訴他。接下來就讓我們看看具體該怎麼做吧！

溝通祕笈

（1）不僅要細心照料孩子的生活，更要細心觀察孩子的心理及行為變化。關心要及時，若實在不明白的，可以請教相關的親子教育專家。

（2）每天抽十分鐘以上的時間和孩子聊聊天。如果孩子不在身邊，也記得每隔一兩天給孩子打個電話聊聊家常，保持你們之間親密的關係。孩子信任你、認同你才會主動找你說心裡話。聊天的內容一定不要只涉及學習，問問孩子在學校的好朋友，問問孩子今天的心情，問問孩子喜歡的遊戲，等等。

（3）用語言或者行動來表達對孩子的愛。可以利用週末帶他去爬山郊遊，親近大自然，使他在愉悅身心的同時也拉近了你們之間的距離。

（4）關注孩子的在校情況，必要時可以和老師取得聯繫，了解孩子在學習、交際、生活等方面的情況。

可以更好

　　孟先生是一位細心的單親爸爸，他會特意安排機會讓女兒了解其他家庭的生活。譬如在朋友家中過夜，會事先讓那家的母親了解女兒的近況。回家後，女兒往往會和他分享在朋友家中學到的對她有幫助的事。為了了解女兒的世界，孟先生為她訂了雜誌。在她閱讀之前，他會先讀過，讓自己跟上潮流，以便和女兒能有共同的話題。孟先生還常常傾聽女兒述說她的夢想。有一次，他們很自然地談到她的結婚計劃，談到她婚禮中的髮型等。孟先生實在很訝異一個十三歲的女孩，居然已經想得這麼遠。

滴海藏箴

　　1. 教育孩子如育花，精心澆水、施肥、呵護，方能成功。但事實上並不是所有人都能養好花，不懂得就要向別人請教學習養花的經驗與藝術。

　　——舒天丹

　　2. 家長既要負責孩子身體的發育，又要負責孩子的心理發育；既要重視孩子智力的開發，又要重視孩子各方面能力的培養；既要教會孩子怎樣學會知識，又要教會孩子怎樣做人。

　　——楊振武

　　3. 要教育好孩子，就要不斷提高教育技巧。要提高教育技巧，那麼就需要家長付出個人的努力，不斷進修自己。

　　——蘇霍姆林斯基

轉角遇到幸福:寫給單親爸媽
下篇 開啟未來

下篇 開啟未來

　　克里斯·加德納是生活在美國舊金山的黑人男性，靠做推銷員維持生計。和千千萬萬的普通大眾一樣，他的生活平淡無奇。直到有一天，一系列突如其來的變故降臨到了他的頭上。工作受挫、無法支付汽車罰單而被關警局，妻子因無法忍受長期的貧困生活離家出走。從此，克里斯不僅要面對貧窮的困境，還要獨立撫養兒子。因無法支付長期拖欠的房租，克里斯父子被房東趕了出來。接下來的日子，父子倆流落街頭，住所從汽車旅館搬到了公共廁所，一日三餐食不果腹。儘管如此，克里斯在困難面前並沒有自怨自艾。他在選擇堅強面對的同時，努力培養兒子樂觀的精神。日子雖苦，父子倆依然快樂地生活。後來，克里斯靠著靈活的頭腦，成為出色的股票經紀人，並最終成為百萬富翁。克里斯一路上經歷重重挫折，但最終支撐著他們過上幸福生活的，便是父子倆的相互扶持。

　　這就是感動了無數人的美國電影《當幸福來敲門》中的故事。影片根據真人真事改變，取材於美國著名黑人投資專家克里斯·加德納的人生經歷。

　　生活中的苦難有千萬種，而我們必須做到的就是始終保持嘴角的微笑，開啟未來之門，迎接幸福之花的如期綻放。

▍第七章 看啦，漸漸露出笑容的臉

　　對於單親父母來說，除了努力讓自己從破裂的婚姻當中走出來，還要學會正確教育孩子的方法。人們都說，父母是孩子最好的老師。其實，孩子的成長也教會了父母許多道理。在接下來的故事裡，大家會看到一位父親透過一杯「打翻的牛奶」告訴自己的女兒如何培養健康的心態；單親家庭裡的孩子有時很脆弱，而因為獨自撫養子女，單親父母往往會忽視孩子內心的感受，單親父母應大膽對孩子說：「寶貝，你真的很重要！」大膽接受孩子的愛，學會傾聽孩子內心的聲音，這對父母和孩子來說都是非常重要的。

　　莎士比亞說：「愛，可以創造奇蹟。被摧毀的愛，一旦重新修建好，就比原來更宏偉、更美、更頑強。」在當今社會，重組家庭越來越多。在一個

轉角遇到幸福：寫給單親爸媽
下篇 開啟未來

全新的陌生的家庭裡，父母和孩子要如何和諧相處，這不僅需要愛，還需要一些技巧。本章的最後會以真實的故事告訴重組家庭的成員如何相親相愛，一起努力建立起一個幸福的家庭。

一 不要為打翻的牛奶哭泣

心語故事

今天海老師在網路上看到一位年輕的母親因為孩子打碎了自己珍愛的花瓶，打了孩子一下午的報導。突然就讓她想到了幾年前看過的一篇很有意義的文章。

《不要為打翻的牛奶哭泣》是一篇挺有名的短文，很多書裡都有轉載。記得我最初是在《小故事中的大道理》中看到它的。幾年來，海老師不只一次地閱讀，每讀一次，都有新的感悟。女孩索菲亞聰明、漂亮、學習努力、成績優異，頗受老師和同學們喜歡。可是不知為什麼，有一次她的數學竟然考了個不及格。索菲亞非常苦惱，神情沮喪，垂頭喪氣地回到家裡，怎麼也不敢面對父母。吃晚飯的時候，爸爸不小心打翻了一杯牛奶，可是他一點遺憾的表情都沒有，只是找紙巾擦擦餐桌，繼續用餐。正當索菲亞非常疑惑的時候，父親對她說：「孩子，你看見了嗎？不要為打翻的牛奶哭泣。牛奶已經被打翻了，再怎麼抱怨都將毫無意義。你也一樣，這次沒考好，並不代表你以後永遠都不會考好。」聽了父親的話，索菲亞明白了一切，苦惱頓時消失了，精神也振作了起來。在接下來的考試中，她取得了優異的成績。

原來如此

「別為打翻的牛奶哭泣」（Don't cry over spilled milk），是英國古代的一句諺語，意即事情已不可挽回，就別再為它苦惱了。看似簡單的一句話卻意義深刻，它其實告訴了我們一種對待錯誤和失誤的心態，事情既已不可挽回就別再為它傷腦筋了，錯誤在人生中隨處可遇，有些錯誤可以改正，可以挽救，而有些失誤就不可挽回了。改變不了的事實我們有時只能聽之任之，那麼，是不是我們面對人生的失誤就只有一籌莫展了呢？不，我們可以

改變心情，讓我們的人生擁有一個樂觀的心態。這種樂觀的心態就能幫你重建人生的信心。古老的諺語說起來雖然很輕鬆，但很少有人能真正做到。

在女孩索菲亞的故事中，我們看到索菲亞其實是一個聰明的小姑娘。因為一次的考試失利，讓她跌入低谷無法釋懷。我們一個成年人在面對突然間的失利的時候也很容易一蹶不振，更何況是像索菲亞這樣的小女孩。在習慣了榮耀稱讚之後的失敗往往是讓人最難接受的。我們試想如果索菲亞考試失利之後沒有受到正確的引導，處於青春期的她很有可能受到周圍同齡人的影響，覺得自己一次失利就永不翻身，會一直活在失敗的陰影裡。她也許從此會變得自卑，變得不想與同學老師交流。因為她覺得自己是失敗者，老師同學不喜歡失敗者，久而久之她也許會被孤立，不願與人交往。

生活中不乏像索菲亞這樣的人。他們有著優越的條件和出色的實力，在工作、學習、生活的方方面面都表現得非常出色。他們希望自己做的每一件事情都完美正確，能順利達到自己預期的目的。然而世間沒有十全十美，不是所有事都如人所願。「人非聖賢，孰能無過」。即便是聖人，也不可能不做錯事、不可能不走彎路。做錯了事情、走了彎路之後，有後悔情緒是正常的，這是一種自我反省。正因為有了這種「積極的後悔」，我們才可以在以後的人生路上走得更好。但是，如果我們一直沉浸在後悔的陰影裡，對過去糾纏不放，或羞愧萬分、一蹶不振；或自慚形穢、自暴自棄，那就不應該了。跌倒算什麼，爬起來就是了！過度後悔不能改變現實，只會給未來的生活增添陰影。不要和自己過不去，讓我們原諒自己。從過去的錯誤中汲取教訓，繼續努力，爭取在以後的生活中不重蹈覆轍，不再犯類似的錯誤，不要為打翻的牛奶而哭泣！

溝通祕笈

索菲亞是幸運的，因為她有一個關心她且善於溝通交流，能夠給她正確引導的爸爸。爸爸看到了小索菲亞因為考試失利而表現出來的低落情緒，但他沒有批評索菲亞，也沒有從一開始就勸慰傷心的女兒。而是在吃飯的時候打翻了桌上的牛奶，然後在女兒面前平靜地把牛奶擦乾淨，再若無其事地繼續吃飯。在女兒表示疑惑之後把其中的道理娓娓道來，教育女兒如何面對挫

折。海老師根據多年經驗，把自己的一些相關教育心得與單親爸媽們一起分享。

（1）要培養孩子的抗打擊能力。心理健康的重要標準之一就是能正確地認識自己和他人，正確地對待「挫折」，要能容得別人比自己強。努力想超越別人沒有錯，但努力了卻沒有達到目標也是正常的。每個人都有自身的優點和長處，也都有缺點和不足。從這個角度來認識問題，才能始終保持健康向上的積極心態，才能不斷進步。

（2）要培養孩子獨立的性格。孩子自己的事情應由孩子自己負責。比如，在督促孩子起床這件事上，如果每天由父母提醒，孩子會總是拖拖拉拉；如果由鬧鐘提醒，按規定時間起床，遲到了自己負責，效果要好於父母的督促。

（3）教孩子用一顆愉快的心去生活。平時多帶孩子出去散散心，孩子的內心就會變得很敞亮。外面的世界很精彩，溫暖的陽光會融化孩子內心的疑慮，戶外同伴們的笑容會讓孩子忘記心頭的煩惱，蔚藍的天空會讓孩子的心海闊天空。

（4）告訴孩子過去的就讓它過去吧，惆悵、矛盾、悲傷等都是些小插曲而已，只有快樂才是生命的主旋律。當孩子打翻了手裡的牛奶時，要告訴他「你是願意對沾滿汙垢的髒牛奶念念不忘呢，還是願意重新喝上一杯新鮮的牛奶呢？」

可以更好

只要我們與孩子共同面對，從單親家庭這杯「打翻了的牛奶」裡也能品出不一樣的滋味，獲得豐富的情感體驗，支持孩子走過成長的歲月。我的學生娜娜與她的父母就有過這樣的經歷。

娜娜當年是個高三的學生，即將考大學。她生活在單親家庭已經十多年了。為了讓娜娜專心複習，媽媽就在學校附近租了一間房子，每天照顧娜娜的生活起居。

臨考前的傍晚，娜娜回到家裡，發現有點不一樣——廚房裡多了爸爸的身影。娜娜從小就愛喝爸爸做的番茄丸子湯，十多年來，只要到父親家，這是她爸爸必做的菜。今天當然也不例外。

娜娜坐到餐桌前，看到給自己夾菜的媽媽，以及對面開著大學入學考玩笑的爸爸，她努力克制著自己，才沒讓眼淚落進面前滾燙的湯碗中。這是娜娜記憶中，第一次和爸爸媽媽在家中同一張餐桌上，一家三口，開開心心地吃上一頓飯。對雙親家庭的孩子來說，這是最普通的事情，而她卻太久沒有體驗過了。在這個時候娜娜才明白了自己生命中那一杯打翻的牛奶是什麼滋味。

大學入學考過去許多年，娜娜已經不記得考試的試題，已經不記得應考前緊張的情緒，但是那天煙霧繚繞的廚房，餐桌上默默給女兒夾菜的媽媽，以及為了給女兒舒緩壓力講著一個接一個笑話的爸爸，連同用盡全力才忍回去的淚水，一直都珍藏在娜娜的心底，釀成了一杯醇厚的美酒。

滴海藏箴

1. 因為誤了火車而無比懊悔的人，肯定還會錯過下一班。

——阿蒙

2. 生活就是一束陽光，你站在陽光中，迎著陽光向前看，滿眼光明，身心溫暖，倍增力量；轉過身，俯視陰影，滿目黯然，暗自神傷。面對陽光和陰暗的兩種心態，完全由個人的心情來掌握。選擇前者，你將積極快樂地向前走；選擇後者，則沉淪悲觀沮喪，舉步不前。

——和田一夫

3. 這世界除了心理上的失敗，實際上並不存在什麼失敗，只要不是一敗塗地，你一定會取得勝利的。

——亨·奧斯汀

轉角遇到幸福：寫給單親爸媽
下篇 開啟未來

二 臭脾氣，我們一起改

心語故事

今天的案子結束得早，海老師提前下班，準備買菜回家給小仲做他最愛吃的蒟蒻燒鴨和爛肉燉粉條。好像心有靈犀似的，小仲也早早回到了家，一進門放下書包就衝進廚房抱住海老師，本以為是奔著飯菜的香味而去，沒想到他急切地拉著海老師說要告訴她一件「大事」！海老師趕緊坐下聽小仲講今天學校發生的「大事」。

這件「大事」其實這樣的。今天做課間操的時候，小仲隔壁班上的男同學何路奇不小心撞到了他們班的一名女同學張欣烊。張欣烊不問青紅皂白打了何路奇，嚇壞了正在做操的同學們。最後還是老師過來才制止了她。海老師很好奇，一名女生脾氣怎麼能這麼火爆，還把男生打了呢？小仲接下來的話更是讓海老師瞠目結舌。原來這學期以來，張欣烊總是莫名其妙地和同學吵架，稍有言語上的不和就扔同學的課本或者書包，而且在課堂上也總是和老師作對。有一次上美術課，張欣烊竟然當著老師的面把同學的作業撕毀了。老師糾正她的時候，她竟然說老師是變態。班導師林老師對此很頭疼。

原來如此

經常幫助人走出心理困境的海老師出於職業操守，想要幫助這孩子。於是海老師給小仲的班導師打了個電話，從班導師林老師口中知道了小仲和其他孩子所不知道的一些事。原來這又是一個破碎的家庭。張欣烊的母親在她很小的時候就去世了，她跟著爸爸生活。由於爸爸工作忙，她經常是和爺爺奶奶待在一起。為了避免她被其他孩子欺負，從小家人就把她當男孩子養。去年，爸爸娶了繼母，今年，繼母給她生了一個弟弟。本來就和繼母感情不深的她，認為繼母和弟弟奪走了爸爸的愛，開始排斥繼母和弟弟。為了讓一家人相處得和睦，爸爸總是在她和繼母發生衝突的時候責備她。漸漸地她心理的不平衡越來越多，脾氣也越來越差，她所遭到父親的怒罵也越來越多。

張欣烊的脾氣真有那麼壞嗎？她真的就喜歡打架喜歡欺負同學嗎？其實，張欣烊的行為屬於一種情緒的宣洩。她的「臭脾氣」就是一種憤怒情緒

的表現。那什麼是情緒呢？情緒和情感是人對客觀事物的體驗態度及相應的行為反應，具有心理和生理反應的特徵。情緒包括喜、怒、憂、思、悲、恐、驚七種，正是所謂的「七情六慾」。我們無法直接觀測內在的感受，但是我們能夠透過其外顯的行為或生理變化來進行推斷。我們看到的是張欣烊這個人脾氣暴躁而且喜歡欺負同學喜歡打架，但我們所忽略的是她的種種行為其實是她內心情緒的一種宣洩。情緒的長期壓抑對個人的健康有著很大的影響，影響的程度因人而異。張欣烊沒有得到母愛，又漸漸感覺到父愛的缺失，她沒有存在感，也失去了家庭應該給予她的安全感。當她在學校欺負同學的時候，她感受到了自己的存在。長期壓抑的情緒一下子就爆發出來了。其實情緒無好壞之分，一般只劃分為積極情緒、消極情緒。由情緒引發的行為則有好壞之分、行為的後果有好壞之分，張欣烊的易怒、暴力就是消極情緒帶來的行為後果。情緒不可能被完全消滅，但可以進行有效疏導、有效管理、適度控制。所以說，只要採取適當的辦法，引導孩子管理好情緒，像張欣烊這樣的「頑石」也是可以被軟化的。

溝通祕笈

家長在培養孩子的過程當中會遇到很多難題，其中如何管理孩子的情緒問題讓很多家長都很頭疼。大人要管理好自己的情緒都不是件容易的事，更何況是不懂事的孩子呢？對此，海老師提出了自己的建議，希望能夠對張欣烊的成長有積極的作用：

（1）處理孩子情緒問題的關鍵是要讓孩子充分表達他的感受。很多父母在教育孩子的過程中，往往不允許孩子自然地表達自己的情緒感受。正確處理孩子壞情緒的三個步驟是：

①學會接受。接受孩子的「壞脾氣」，接受孩子的所有情緒，做孩子的「出氣筒」。

②學會分享。讓孩子說出自己的感受，並用語言描述孩子的感受，取得他的認同並使他產生信任，願意向你訴說。

轉角遇到幸福：寫給單親爸媽
下篇 開啟未來

③了解事情的來龍去脈，與孩子商量對策，一起解決問題。盡可能從不同渠道了解孩子不良情緒的起因，跟孩子溝通，告訴孩子面對一件事除了生氣、破壞、傷心之外還有其他解決的辦法，並親身示範給孩子看。

④在處理孩子情緒問題的過程中，不要直接講「對與錯」，父母和老師要多感受，用心地慢慢教育孩子，這樣才是有效的辦法。

（2）讓孩子學會樂觀幻想。孩子有時遭受了一點挫折，便好像戴上了厚厚的墨鏡，凡事總往壞處想。克服的方法是：寧願樂觀幻想，不要消極猜度。

（3）讓孩子積極參加鍛鍊。體育鍛鍊能使人體產生一系列的化學變化和心理變化。較適宜的運動項目有慢跑、戶外散步、跳舞、游泳、練太極拳等。改善營養，豐富的維生素 B 有助於改善情緒。

可以更好

聽了海老師的建議，林老師表示贊同。其實，對於張欣烊，林老師一直都特別注意對其進行引導。因為發生在張欣烊身上的事情，林老師曾經親身經歷。

林老師從小和父親關係很好。然而就在她快國中畢業那年，父親因為過度勞累去世。這對她來講猶如晴天霹靂，生活彷彿失去了方向。一直以來，她心裡都只有父親，和母親總是不親近。一次和親戚遊古鎮時，她隱隱聽到親戚議論是母親剋死了父親，從此她便從心底討厭母親。對母親的厭惡加之內心的悲痛，使她改變了性情，和母親的關係更加惡劣。因為母親的脾氣也不好，所以每當出現矛盾的時候，母女倆總是以吵架的方式來解決。有一次開家長會，母女倆直接在教室吵起來了，母親順勢給了她一巴掌。這一巴掌激怒了她，她差點和母親打起來。在老師和家長的勸慰之下，母女倆才稍微平靜下來。

為了緩解母女倆相處的緊張環境，林老師曾經的班導師開始在她和母親之間調和。母親終歸是母親。不管吵得多厲害，她心裡都愛自己的孩子。所以在這場本就沒有勝負的母女之戰中，母親選擇了妥協。自從知道她心裡的癥結之後，母親收斂起自己的火爆脾氣，再沒和她吵過。無論她怎麼無理取

鬧，母親都選擇用平和的語氣與她溝通。為了讓她充分發洩平時對母親的不滿，每當她大吵大鬧之時，母親都只選擇聽，從不反駁。慢慢地她一個人鬧起來沒勁，也就不再吵了。時間久了以後，她不再充滿敵意地對待母親。如今她和母親都收斂了脾氣，生活早已是滿滿的溫暖。她心裡明白，母親是愛她的，只是曾經她看不到，因為這一切都被她的憤恨、埋怨所掩蓋。而今，對於張欣烊，林老師很想告訴她：「孩子，不就脾氣差點嗎。沒關係，我們一起幫你改。」

滴海藏箋

1. 世界如此美妙，我卻如此暴躁，這樣不好不好。

——寧財神

2. 情緒意指情感及其獨特的思想、心理和生理狀態，以及一系列行動的傾向。

——丹尼爾·高爾曼

3. 對消極的情緒有一個明確的了解，就可以消除它。

——弗農·霍華德

4. 暴躁是一種虛怯的表現。

——大仲馬

5. 能控制好自己情緒的人，比能拿下一座城池的將軍更偉大。

——拿破崙

6. 世界如一面鏡子：皺眉視之，它也皺眉看你；笑著對它，它也笑著看你。

——塞繆爾

轉角遇到幸福：寫給單親爸媽
下篇　開啟未來

三　孩子，你真的很重要

心語故事

　　一位曾經風光無限，但一夜之間失去伴侶、家庭和工作的父親。一個年幼懵懂，但在經歷家庭風暴之後，選擇默默支持父親的女兒。這兩位就是今天海老師要講的案例的主人翁。

　　上週我的辦公室裡迎來了一位特殊的父親。這位父親左腿截肢，雖然裝上了義肢，但行動起來還是比常人要吃力許多。他正是妮妮的爸爸高偉。高偉告訴我，兩年前的一次車禍讓他失去了左腿，前妻也丟下他與妮妮，公司在給了一筆撫恤金後把他給辭退了。他告訴我，當時他真想就這麼從樓上跳下去，一了百了。但當他看到妮妮天真的雙眼的時候，他覺得怎麼也邁不開步子。他對女兒說：「咱們倆要相依為命了，以後爸爸一樣會讓你生活得很好。」

　　「從那以後，女兒就很愛笑。特別是我倆在家的時候，她常常對我笑。我知道她並沒有很高興，她是笑給我看的，她希望我看到她的笑容就能看到人生的希望。」講到女兒妮妮，高偉臉上露出了一絲欣慰的笑容。「我按她希望的那樣，重新站了起來。我找到新的工作，也找到一位願意跟我一起照顧妮妮的女人，日子一天天越來越好了。但是我發現，女兒臉上的笑容卻越來越少了，好幾次我都發現她在房間偷偷流眼淚。看到她這個樣子，我真的很心疼，但是又不知道妮妮到底是怎麼了。」

原來如此

　　海老師特意去兒子學校接他放學，想藉此機會找妮妮好好聊聊，看看問題到底出在哪裡。也許是太多事情憋在心裡太久，也許是看到海老師讓她覺得值得信賴，在海老師的關心詢問下，妮妮敞開了心扉。

　　原來，妮妮爸想讓女兒擁有完整的愛，給女兒找了個後媽。平時高偉出去上班的時候，妮妮更多的是和這個後媽在一起。妮妮說，一開始後媽還挺喜歡妮妮的，但後來就越來越沒耐心了。妮妮上完廁所忘記關燈，後媽就會

很生氣地批評她，說她沒腦子，不長記性。有一次，妮妮參加短跑比賽得了第一名，妮妮歡天喜地把獎狀拿給爸爸，但爸爸的回應很冷淡，這件事讓妮妮很難過。還有一次妮妮主動幫後媽洗碗，洗完之後，後媽一邊檢查一邊說：「知道我平時有多辛苦了吧，這只是最簡單的事啦。」根據研究分析表明：當一個人的自我價值為零的時候，他覺得活得沒意義，生命沒價值，他會選擇自殺；當一個人的自我價值為正30%時，他處於極度自卑狀態；當自我價值上升到50%時，他處於自卑和防禦狀態，他總懷疑他人是在欺騙自己；當自我價值上升到80%以上時，他開始產生學習慾望，此時也能接受別人的批評；當自我價值上升到90%以上時，會產生強烈的學習慾望，達到樂此不疲的地步，會自覺控制和克制自己，遠離不良傾向，抵制腐朽思想侵蝕，並努力完善自己。因此，重視孩子的言行，幫助孩子樹立自我價值感是非常重要的。如果孩子覺得自己不重要，做的事得不到肯定的話，她很有可能就此誤入歧途。

溝通祕笈

海老師回家寫了一封郵件，把自己的建議發給了高偉。

（1）要就事論事，不做破壞性批評。孩子如果犯錯，不要不分青紅皂白就給孩子下定論，那等於是給孩子扣上了一頂帽子。這會讓孩子在潛意識裡覺得自己就是個壞孩子，永遠學不好。批評孩子時也不要誇大其詞，說話要實事求是，否則孩子會認為你的批評是在胡說。更不能把自己工作上的不滿情緒發洩到孩子頭上，孩子是成長中的人，需要尊重，破壞性的批評只會讓孩子失去自我價值感，從而誤入歧途。

（2）要循循善誘，不要喋喋不休，嘮叨挑剔。孩子最煩的就是家長喋喋不休的嘮叨，很多時候，嘮叨就是一種輕視，一種不尊重，它對孩子的自信心是打擊和折磨。提醒忠告是好的，但一定要掌握正確的方法，因為這是和孩子心與心的交流、思想的碰撞，而不是把你的意願強加在孩子身上。

（3）要為孩子的成就喝彩，不要漠然視之。每個孩子都有強烈的求知慾和表現欲，他們在探索世界的道路上一定能做出一些讓人稱讚的事。對大人

轉角遇到幸福：寫給單親爸媽
下篇 開啟未來

來說也許微不足道，但對孩子來說卻意義非凡。這時，請不要吝嗇你的歡呼和喝彩，因為這樣做會迅速提升孩子的自我價值感，讓他們找到繼續前進的動力。

（4）要接受孩子的愛，不要拒絕孩子的愛。愛，是生命中永恆的主題，每個人都需要愛與被愛。在教育孩子學會感恩別人對自己的愛的同時，也要讓他學會給予別人愛——奉獻。因為懂得奉獻的人才能更好地實現自身價值。同時，當孩子學會奉獻、學會給予大人愛的時候，大人一定不要拒絕。不能因為他做的事情小就否定他，長此以往的話，孩子會誤以為自己對別人沒有用，會讓孩子自卑而不敢再關愛他人。

（5）對孩子的愛是無條件的，不是有條件的。不少家長對孩子表現出有條件的愛，尤其是在學習上。孩子考得好，家長就笑臉相迎，又是喝彩又是稱讚的；要是孩子沒考好，態度就會發生 180°的轉變。家長的這種有條件的愛，不僅會讓孩子的自尊心受損，更嚴重的是，會讓孩子誤以為父母只愛優秀的自己，如果自己哪裡表現得不好，父母就不愛自己了。

每個孩子都是獨一無二的，都有著無限可能，家長一定要想辦法讓孩子看到自己的價值，要不斷告訴他「你真的很重要」。

可以更好

今天妮妮和爸爸一起來到了海老師的辦公室，高偉激動地拉著海老師的手說：「太感謝您那天的郵件了！那天之後我跟妮妮聊了很久，她告訴了我她內心真實的想法，我跟太太也好好地反省了自己的行為。你看，我們家又發生了一次巨大的變化啊！」

高偉說：「現在我們家專門為妮妮做了個『光榮榜』，上面記錄了妮妮在學校和在家裡所有的優秀表現。女兒為了榜上多得一點榮譽，現在都會主動幫大人做事，學習成績也提升了，老師都說她是個全面發展的好孩子。我太太也改掉了愛嘮叨愛批評妮妮的毛病，現在妮妮要是犯錯，我們會耐心給她講道理，分析原因和後果。妮妮是個懂事的孩子，我們說的話她都記在心裡。妮妮是我們的寶貝，是正在成長的『小大人』。」高偉贊同地表示，「愛

要大膽地表現出來，所以我們現在經常對妮妮說『你真的很重要，我們需要你』。」

滴海藏箋

1. 一個人存在價值的大小，取決於他對社會貢獻的多少。

——愛因斯坦

2. 每個人的一生都應該給後代留下一些高尚有益的東西。

——徐悲鴻

3. 讓我的愛，像陽光一樣包圍著你，而又給你光輝燦爛的自由。

——泰戈爾

4. 天生我材必有用，千金散盡還復來。

——李白

5. 人們常說這人或那人還沒有找到自我。但自我不會被誰找到，它應該被創造。

——托馬斯·薩斯

四 相信愛，學會愛

心語故事

「我爸正是好時候，日子過得肯定比現在好。你就不一樣，快四十了，除了我，不一定有人真心對你好。」兒子小帥的這席話，讓夢姐哭得稀里嘩啦。當初前夫有外遇，轉移家庭財產，逼夢姐淨身出戶的時候她都沒哭。

我跟夢姐是中學同學，我們關係很好，所以一直以姐妹相稱。她是一個樂觀開朗、勤勞勇敢的女性。多年來，家裡的大事小事都是她一個人獨當一面。她告訴我她常常跟小帥開玩笑說：「爸爸不要我們了，以後你要像個男子漢一樣照顧我喲。」

轉角遇到幸福：寫給單親爸媽
下篇 開啟未來

　　小帥是我見過的單親家庭裡非常懂事聽話的小孩。別看他年紀小，還是挺有大人的責任感和男子漢的擔當的。但就是這樣一個懂事、幽默、開朗大方的孩子也會有讓人頭疼的時候。夢姐今年才三十六歲，帶著孩子淨身出戶以後，夢姐拒絕接受前夫的撫養費，也不讓小帥和前夫見面。租房、家裡日常用品、小帥的學費、生活費等，常常使夢姐陷入經濟困境。周圍的人都思索著給夢姐找個對象，一來可以幫忙共同照顧小帥，二來孩子以後大了總會離開自己，身邊有個伴，總歸是好的。夢姐心裡想：小帥多個爸爸疼愛是挺好的，自己的壓力也不會這麼大。而且兒子這麼懂事，應該會理解媽媽的。有一天，七點了還不見小帥回家。夢姐打電話去兒子學校才知道下午五點就放學了，「小帥從來不會這樣的」，著急的夢姐一下子便哭了起來。後來老師打電話詢問小帥的同學才得知他放學去了網咖。夢姐家是有電腦的，小帥要上網根本不用去網咖。從網咖出來，還沒等夢姐開始責罵，小帥便哭了起來：「我就是不想回家，你不是要出去約會嗎？你去呀，我不打擾你！」

原來如此

　　聽完夢姐的講述，我發現在「懂事」的小帥心裡其實有著很多問題。首先，父母離婚後媽媽獨自撫養他，與爸爸沒有什麼聯繫和交流，這對一個孩子的成長是非常不利的。在孩子的成長過程中，尤其是青春期，父母的作用都是很大的。對於一個男孩來講，父親的形象算得上是他的成長模範，母親再怎麼照顧得周到也替代不了父親的作用。因此，小帥媽不應該拒絕小帥與父親的來往，更不應該替小帥拒絕他父親應盡的義務。

　　其次，小帥之所以放學不回家，是因為他對媽媽給他找後爸的排斥。在他的心目中，父親不在身邊了，照顧母親的責任理所當然落到了他的身上，而且他與母親兩人的生活過得井井有條，橫空殺出來一個男人與母親交往甚密，他感到了強烈的威脅。並且在決定找對象之前夢姐也並沒有先與小帥溝通，讓小帥覺得這個家不再需要他了，媽媽也不再需要他了，所以他選擇不回家、選擇逃避。

　　重組家庭是從單親家庭演變而來。從單親家庭到重組家庭會使孩子的心理再一次發生翻天覆地的變化。對於家庭變化引發的心理變化，我們成人都

未必能很好地適應，更何況是孩子呢？但並不是說重組家庭就一定不利於孩子成長，關鍵在於我們能為孩子付出多少關心，能為孩子營造一個什麼樣的家庭環境。如果不顧及孩子的感受，事前不與孩子做足夠的溝通，對孩子的負面影響將會是很大的。

溝通祕笈

父母離婚會對孩子造成各方面的影響，特別是心理上的影響，甚至會導致孩子形成不正確的婚戀觀。等到自己長大成人的時候，有可能對婚姻產生恐懼心理。因此父母必須要跟孩子溝通，幫助孩子樹立正確的婚戀觀。

（1）明確告訴孩子離婚的事實。明確地告訴孩子爸爸媽媽要分開，不在一起生活。你不妨這樣對孩子說：爸「爸媽媽經過深思熟慮後，決定不再生活在一起，我們對你感到很抱歉，請原諒爸爸媽媽的決定。」有些孩子因為父母離異時年齡尚小，對於父母離婚的真正原因並不明白，父母也沒有向孩子說明離婚的原因，這時孩子就容易錯誤地將父母離異的原因歸罪於自己，產生自責心理。於是他們會自行尋找解決的辦法，或者做父母之間溝通的紐帶，又或者做出讓父母無法忽視的壞事甚至使用暴力，讓父母聯合起來。如果孩子以為是他的錯誤導致家長離婚，父母要懂得如何引導孩子走出觀念的誤區。

（2）不向孩子撒播仇恨的種子，允許另一方經常接觸孩子。「再見也是朋友！」不管是怎樣的原因導致離婚，在處理孩子問題時，都應該心平氣和、客觀公正。當夫妻雙方離婚後，孩子就成了最重要的紐帶。如果想讓離婚的事情對孩子的影響降到最低，你們就要客觀地評價對方。切忌因為自己的主觀喜惡而惡意中傷，這樣只會對孩子帶來困擾。此外，離婚後，請允許另一方接觸孩子。只有夫妻雙方都經常接觸孩子，他才不會覺得爸爸或者媽媽突然間消失了。偶爾一起吃飯、一起玩，對孩子而言就不會產生巨大的心理落差，也有利於他的成長。

（3）不嬌慣孩子，關心孩子的心理健康。有很多父母覺得自己離婚了，對不起孩子，就對孩子溺愛。無論孩子提出什麼要求，即便是不合理的，都

轉角遇到幸福：寫給單親爸媽
下篇 開啟未來

一一滿足；無論孩子做事正確與否，都不會責罵孩子。事實上，溺愛孩子會對他們的自身發展產生消極影響。我們發現，從小就被家長溺愛的孩子，價值觀往往比較混亂，對父母也缺少應有的尊重。此外，在處理問題時，也往往缺少原則性。這樣對孩子的成長極為不利。

離婚後的父母，應該更加關心孩子的心理健康，讓他們形成獨立的人格，學會與人分享，讓他們和普通家庭的孩子一樣快樂、幸福。

可以更好

今年母親節，在商場遇到夢姐，她開心地對我說，兒子小帥把同學林曉晴的爸爸介紹給了她。對方叫林朗，是大學物理系的教授。夢姐說，他們初次見面彼此印象都很好。可是她不想小帥受一點點委屈，所以林朗再打來電話時，她表現得相當冷淡。誰知道小帥竟然逃學去找林朗了。他直入主題說：「都是男人，咱都有話直說，您到底喜不喜歡我媽媽？」還不等人家回答，他又說：「對，你們成年人回答這樣的問題需要考慮半天。這樣吧，要是不喜歡，您就說：『小帥，你該回去上課了。』」見林朗沒說這話，他說：「那就是喜歡了。恭喜你，挺有眼光的。我了解我媽，好強，這些年沒要我爸一分錢，把我養得挺茁壯，心理挺健康。您也知道，她現在越來越開心了，心理陰影沒了，也是時候另尋幸福了。可能對於你們來說，最大的障礙是我，其實我也不是多大麻煩，我不亂花錢，現在中小學又取消學費了，要是上大學了，勤工儉學、自給自足一點兒問題都沒有，放假還能陪您下個圍棋什麼的。說遠一點，現在我可能是你們的一個負擔，但是再想一想，等你們有了孩子，有一天您和我媽都不在了，我可是他親哥啊。順便說一句，我希望你們能給我生個妹妹。她有個啥大事小情，我都包了。我想到的就這些，你好好想想，不用給我答覆。要求婚，找我媽，我走了。」後來林朗給夢姐打電話複述了他和小帥之間的談話，她笑得眼淚都掉下來了。一個剛上小學六年級的孩子能說出這些話，他需要有一顆多大的心來裝這麼多的東西。「玉夢，給我個機會，做李小帥的爸爸吧！」小帥在聽說了林朗的求婚方式後，非常不屑：「太弱了，還大學教授呢。是男人就一步到位，應該說，非常希望小

帥做林曉晴的哥哥。」後來夢姐和林朗結婚也邀請了我，小帥忙裡忙外，對來祝賀的親朋好友這樣介紹自己：「我是他們家的小男主人，我叫李小帥！」

滴海藏箴

1. 愛是理解的別名。

——泰戈爾

2. 愛別人，也被別人愛，這就是一切，這就是宇宙的法則。為了愛，我們才存在。有愛慰藉的人，無懼於任何事物，任何人。

——彭沙爾

五 彩虹的約定

心語故事

朱文斌是海老師的高中同學，為人老實，話不多。要不是那天他突然到辦公室來找海老師，說他是六中四班的朱文斌，海老師真差點忘了有這麼個人。老同學寒暄了幾句之後，當海老師問到他伴侶和孩子的情況的時候，他突然低下了頭，思考了半天終於開口向海老師講述了他的故事。

朱文斌結婚十年了，有一個八歲的女兒，兩個月前剛跟妻子辦理了離婚手續。由於家庭貧困，文斌讀完高中就進了一家製造廠工作。後來認識前妻，結婚生子，一切看似平淡而自然。也許正是因為太過平淡的日子，讓原本好強的妻子不能忍受。妻子辭掉了工廠的工作，開了一家餐館，生意越來越好，跟朱文斌的共同語言也越來越少，最終兩人和平分手了。

離婚後因為前妻忙著餐館的事沒時間照顧女兒，所以女兒跟著文斌一起生活。因為太忙，前妻很少來看女兒，甚至連電話都很少打。細心的文斌發現，自從和妻子離婚之後，女兒就像變了一個人似的，話少了，也不怎麼肯吃飯，沒事就喜歡把自己鎖在房間裡。最要好的同學來找她，她也不出門。看著一天天消瘦的女兒，朱文斌心裡很不是滋味。

轉角遇到幸福：寫給單親爸媽
下篇 開啟未來

原來如此

在聽完朱文斌的講述後，海老師覺得，文斌女兒的這種改變，他和他前妻都有著不可推卸的責任。夫妻雙方因為各種原因和平分手，相互理解對方的選擇，但是子女的心智還不夠成熟，他們不能夠像成人一樣明白其中的一些道理。離異家庭的孩子比健全家庭更需要和父母溝通，只有透過正面的疏導，他們才可以和完整家庭的孩子一樣健康成長。

女兒在父母離婚後跟著父親生活。一個八歲的孩子已經開始感知身邊的人和事，一個心智在發展的孩子，她不會明白母親和父親之間關係決裂的後果，但是她能直接感受到父母的陪伴和關心。朱文斌女兒在父母離異後跟著父親生活，她的成長中父親加倍給予了自己所能付出的疼愛和關心，但女兒在父親溺愛而缺失母愛的環境成長，可能會造成兩種結果：一種是在其長大後可能會過度依賴他人的關愛，造成極其脆弱的心理，她會特別容易受傷，會特別渴望別人的關愛而忽略人性的對等，不會關愛對方；還有一種可能，她也許會仇視他人，特別是女性。因為自己從小缺失母親的關愛，因此她感覺不到生活中充滿的愛。朱文斌的前妻因為忙於工作沒時間去看望女兒，當女兒在缺失母愛的情況下，看到健全家庭的孩子，會產生自卑心理。她會去想為什麼母親不要自己，一定是自己哪裡不好。女兒長期的自我封閉和自我暗示，最終可能會造成其內心的自卑，覺得自己比別人差，長期下去會產生反叛心理，這對孩子的成長是極其有害的。

對於單親家庭的孩子，要使其明白與父母存在這樣三個關係：一個是爸爸和媽媽的關係，一個是爸爸和孩子的關係，一個是媽媽和孩子的關係。如果爸媽因為種種原因選擇分開，那也只是第一種關係沒有了，其餘的兩種關係則永遠存在。爸爸媽媽永遠都會愛自己的孩子，婚姻的結束只是不適合在一塊生活了，但父母對子女的照顧關心是從未改變的。家長要努力讓孩子去接受和適應這些才是最好的。

溝通祕笈

聽完海老師的分析後，朱文斌表示很贊同，但看著女兒變成現在這樣，他似乎也沒有什麼有效的辦法。家庭教育是一門學問，也需要付出，才能得到收穫。看著著急但又想不出辦法的老同學，海老師給了他幾點建議，希望能幫助到他和女兒。

（1）建議家長調整好自己的思想和心理情緒，然後再引導孩子對自己家庭環境有一個正確的認識。孩子是敏感的，會感受到家庭的細微變化。不要企圖隱瞞什麼，那樣會使孩子對家長不信任。作為家庭的一員，孩子有權利知道與自己有關的事實，這有助於他勇敢面對。

（2）建議家長離異後試著做朋友。分手後，養育孩子仍是離異雙方共同的責任。只有平靜討論教育孩子的事，才能讓孩子有良好的學習和生活心態。雙方要經常和孩子保持聯繫，讓孩子享受親情。

（3）與孩子共同擔起家庭的責任，避免補償心態。不要過度補償、溺愛孩子，對孩子的生活，要像對待正常家庭的孩子一樣。物質的補償和驕縱都無法替代孩子精神上的缺失，相反可能導致其任性、暴力。單親的孩子需要及早地承擔責任，才能走向成熟。

（4）主動了解孩子在青春期遇到的煩惱和問題，不要一味指責，要抱著體諒的心態，以朋友身分去了解孩子的內心世界，再透過巧妙的語言、行為引導其形成正確的價值觀。引導孩子處理好同學關係。孩子的心理壓力很大程度上來自同學，家長要鼓勵孩子在班上交幾個要好的朋友，經常一起學習，一起度週末。孩子的群體關係一旦正常，許多問題就迎刃而解了。

可以更好

一個月以後，朱文斌再一次來到了海老師的辦公室，與上次不同的是，他這次是帶著女兒一起來的。他說女兒現在又重新恢復了昔日的笑容，平時父女倆經常溝通，前妻也經常抽時間來看望女兒，帶女兒出去玩，給她買漂亮的裙子。女兒現在品學兼優，全面發展，在學校裡獲得了老師和同學們的高度讚揚和肯定。

轉角遇到幸福：寫給單親爸媽

下篇 開啟未來

朱文斌說，聽了海老師的建議以後，回去便找了前妻還有女兒的外公外婆、爺爺奶奶召開了一次家庭會議，並一致約定：不管大人間有什麼埋怨，都不能說給孩子聽；不管有多麼困難，都要給女兒營造一個和諧溫馨的家庭氛圍；不管有多忙都要抽出時間來對女兒進行「愛的教育」。

於是，爸爸媽媽、外公外婆齊下了一番功夫：前妻首先做出了表率。她的餐館多請了兩個店員幫忙照看，而她則一有空就到家裡來看望女兒。每逢假日，還會帶女兒去外公外婆家玩。外公外婆也十分疼愛這個小外孫女兒，給她做好多好吃的，教她學習書法，使得女兒一聽說要去外公外婆家，總是很高興。兒童節的時候，學校舉辦親子活動，朱文斌和前妻一起帶著女兒參加了活動。在活動裡一家人配合默契，贏得了許多獎品，活動後女兒高興地說，這是她過得最開心的一個兒童節。他們約定，以後每一個兒童節都要這樣快樂度過。

看著朱文斌和他女兒臉上燦爛的笑容，海老師長長地舒了一口氣。朱文斌的女兒是幸運的，因為她有疼愛她並且願意為她改變和付出的父母。相信，這份「彩虹的約定」一定會伴隨她快樂成長。

滴海藏箴

1. 對雙親來說，家庭教育首先是自我教育。

——克魯普斯卡婭

2. 只有愛才是最好的教師，它遠遠超過責任感。

——愛因斯坦

3. 無論是國王還是農夫，家庭和睦是最幸福的。

——歌德

第八章 經歷風雨幸福綻放

執子之手，共享一世繁華；與子偕老，歷經人世滄桑。在這個離婚率不斷上升的社會，這樣一種伉儷之情變得越來越難。曾經相愛的兩個人無法再

攜手走下去，這是不幸嗎？那孩子怎麼辦？成長在一個單親家庭中，他還能獲得幸福嗎？他又該如何幸福？分開的兩個家長，新的兩個家庭又該如何保護這無辜的花朵？

是一味溺愛？是一意孤行，以權威包辦一切？盧梭說：「誤用光陰比虛擲光陰損失更大，教育錯了的兒童比未受到教育的兒童離智慧更遠。」我們知道，在單親家庭中成長的孩子，經歷父母離異，某種程度上受到一定傷害，他們會變得敏感。要讓他們從陰影中走出，需要家長以及學校給予他們正確的引導教育。愛，但不過；疼，不執拗；教，戒專制；交，忌封閉；護，擁自立。

人生的風雨何其多？與其為他遮風擋雨，不如教會孩子如何面對風雨。

有一天，你一句「下雨了，來接我吧」，孩子站在了門外靜靜等候。

有一天，孩子對你說「等我長大了，要讓你過上好日子。」

有一天，你過生日，孩子悄悄地為你準備好蛋糕。

有一天，孩子高興地告訴你他交了新朋友。

有一天，你接到獨自在外旅行的孩子打給你的電話。

有一天……

這一天，你欣慰，你開心，你幸福；這一天，是你的功勞；這一天，風雨終於過去，彩虹笑臉相迎。

就像一位諾貝爾獎得主說過的那樣，「只要你還活著，就談不上什麼不幸。」苦澀終會過去，笑容定會綻放。風雨人生固然不是一場歡宴，但也絕不是一杯苦酒。勇敢地面對現實，包容並接納自己的處境，積極地改變自己的生活，風雨人生，也能綻放幸福。

轉角遇到幸福：寫給單親爸媽
下篇 開啟未來

一 下雨了，來接我吧

心語故事

　　海老師參加兒子的家長會，遇到兒子同學小泉的媽媽牟琴。得知海老師從事心理諮詢工作，牟琴便將自己的事情告訴了海老師，希望能夠得到幫助。

　　「走出無愛的婚姻，對我來說需要勇氣。當圍城淪為空城，城中只剩下自己和年幼的孩子的時候，我不知道自己能否給孩子重建一個特殊的、只屬於我和他的家。」牟琴向海老師說出了自己的擔憂。

　　原來，牟琴和丈夫因為感情不和離異。兒子小泉因為從小和她親近，便由她撫養。離婚後，牟琴將精力全部放在兒子小泉身上，她希望自己能夠給小泉提供一個好的成長環境。在她看來，只要對小泉好就能夠彌補家庭破裂給他帶來的遺憾和傷害。

　　在這種想法的驅使之下，牟琴幾乎成了小泉身邊的「書僮」。她陪著小泉參加各類才藝班，照顧他生活的各個方面，就連學校裡老師舉辦的各種活動，她也都寸步不離地陪著。為了讓兒子得到更多的照顧，她將家裡的情況告訴小泉班導師，希望班導師能夠對小泉特殊照顧。

　　她的這一系列行為並沒有得到兒子的理解，反而使兒子離她越來越遠。沒離婚的時候，孩子最纏的就是她。可是現在她發現，每次和兒子一起散步的時候，兒子不是走在前面就是走在後面，不願意和她並排走。有一天，她問兒子為什麼要這樣，兒子說：「媽媽，你能不能忽略我一點？我也想與其他小朋友一樣。」

　　聽完兒子的話，牟琴既震驚又難過，她不過是希望把最好的給兒子，讓兒子變得更加優秀，難道這也錯了？

原來如此

　　當愛成為往事，婚姻走向破裂，許多單親母親從痛苦的婚姻中走出來，卻又走進自我設計的情感折磨裡。她們認為孩子是自己的心頭肉，所以在離婚之時多數會選擇擁有孩子的撫養權。這時，孩子便成了她們的精神支柱。

而當她們守著「婚姻的空城」，一個人面對孩子的時候，發現自己常常脆弱無力，對孩子的愛往往會變成溺愛。

當然，這種極端教育的情況不僅僅存在於單親母親中，在單親父親的家庭中也有存在。很多單親家長都存有這種補償意識。強烈的補償意識使得他們會毫無節制地滿足孩子的要求，盲目地寵溺孩子。有些家長將自己的希望全部寄託在孩子身上，對孩子過於嚴苛，希望孩子將來能改變一切。在這兩種情況下成長起來的孩子都容易產生逆反心理。

在心理學上有一種超限效應，是指刺激過多、過強或作用時間過久從而引起心理極不耐煩或逆反的心理現象。這個效應啟示我們關愛孩子應掌握一個度，「不及」達不到既定的目標，但「過度」又會產生超限效應，不僅不會出現應有的效果，還可能會出現一些反作用。

過度的溺愛與過分的嚴厲，都可能會造成孩子的不健全心理和性格。大人應該儘量維持一個正常的家庭教育環境，淡化單親家庭的陰影，給予孩子積極健康的教育。並注意培養孩子的責任心、進取心、自信心，培養他們良好的行為習慣，讓其像其他孩子一樣正常地生活與成長。

心理學家普拉諾夫認為，暗示的結果使人的心境、興趣、情緒、愛好、心願等方面發生變化。牟琴對兒子小泉的過度關注，導致孩子內心的不平衡，她無意間給孩子帶來一種暗示——「我和其他小朋友不一樣，我是單親家庭的孩子。」

自我暗示即一個人對自身進行的思想灌輸。在這種心理暗示之下，小泉不斷將消極的訊息灌輸給自己，從而使得他產生一種負擔，即如果自己不努力，那麼自己就對不起媽媽的期望。同時由於孩子年齡小，轉化壓力的方式可能會偏向極端。你越是希望他（她）怎麼樣，他（她）越會產生一種牴觸情緒和你對抗。這是很不利於孩子健康成長的。

溝通祕笈

分析完牟琴的情況，為了能夠幫助她緩解和兒子的關係，海老師也給她提出了一些建議。

轉角遇到幸福：寫給單親爸媽
下篇 開啟未來

首先，不要過分強調單親家庭這個身分，要淡化單親家庭的陰影。有的孩子自尊心強，不願意讓人覺得他（她）的家庭是單親家庭。所以，要潛移默化地讓孩子明白，他（她）和其他孩子一樣。

其次，不要過分「關愛」單親家庭的孩子，要讓他們做正常人。在喪偶或者離異之後，為父母者不要把自己所有的感情和愛都寄託在孩子身上。生活方面，不用刻意補償缺失的部分，讓孩子學會照顧自己也是培養他（她）的一種方式。學習方面，鼓勵孩子但不強制孩子，給孩子自由的學習空間。任何過度的保護，只會給孩子造成一種衣來伸手，飯來張口，不必為自己的生活安排和學業計劃操心，一切自有父親或母親代作主張的想法。長此以往，孩子的依賴性就會加強。在這種環境下成長起來的孩子，脆弱、缺乏主見和獨立意識，一旦離開了家長，便茫然不知所措。

再次，不要抱有過高的期望值。缺少了配偶，不少家長把孩子作為自己唯一的精神寄託。被寄予厚望的孩子，往往有著過度的壓力和沉重的心理負擔。如若心理素質不佳，受不了這種壓力，便索性走向了反面，來個不思進取、徹底變壞，以便父母降低希望，使自己能夠喘口氣。另一些孩子也許能堅持奮發，不讓父母失望，但是長期超負荷運作，潛在的心理損傷亦不容忽視。一旦某一天超出了承受極限，便有可能走向崩潰。單親家庭的孩子相對比較敏感、脆弱。父親或者母親不要將自己的想法強加給孩子，應該給他（她）製造一種無形的壓力。給孩子更多的選擇空間，讓孩子學會做自己。

最後，學會適度地讓孩子做一些事情，讓他（她）學會關愛身邊的人，而不是因為自己是單親家庭就只知道享受別人的付出。讓孩子學會這一點，也是讓孩子看到自身的存在，培養他們的自信，讓他們坦然面對自己以及自己所處的環境。

可以更好

在歐美，有很多單親家庭的孩子很幸福、很成功。而我們認定了單親就是不幸的，單親的孩子肯定會出問題。其實不然，單親孩子的教育還得看父親或者母親的心態。

欣悅是海老師小區的鄰居，她獨自一個人帶著九歲的女兒曦子。海老師經常在小區裡碰到這對快樂的母女。

欣悅沒有和曦子的爸爸結婚，曦子的父親也不在本地，所以一直以來都是欣悅一個人帶著曦子，每年曦子可能會見爸爸一兩次。曦子是一個活潑開朗的孩子。對於自己的家庭情況，曦子很了解。她曾經說過等到她滿十歲的時候，她就能夠選擇以後是和媽媽一起生活，還是和爸爸生活。對於一個九歲的小孩來講，能夠如此坦然說出這番話，這與平時欣悅的教育密切相關。

對於曦子的身世，欣悅一直就沒打算隱瞞。從她開始剛懂事的時候，欣悅就把實情告訴了她，但曦子的內心並沒有覺得這種家庭和其他家庭有不同之處。

儘管欣悅也對曦子寄予厚望，但是她從不流露出來。她只是希望曦子在一個自主快樂的環境裡成長，不用背負過重的心理負擔生活。所以對於曦子的教育，欣悅也並沒有採取專制式的方法。曦子喜歡跳舞，欣悅就給她報名學習拉丁舞；曦子想學游泳，欣悅就給她報名暑期培訓班。曦子週末練習完拉丁舞，欣悅都會去接她，並對曦子今天的表現進行評價；欣悅會在曦子需要泳衣的時候，讓她自己去挑選；欣悅還會時不時給自己「製造」一些麻煩，請曦子幫助她解決。在這樣一種「放養」的狀態下，曦子六歲就開始自己一個人看電影，上街買東西，還會做最拿手的番茄炒蛋。

在這種長期的培養中，曦子感受到了欣悅對她的關愛，也有了自己的選擇空間。同時，她也在不斷地獨立做事中找到一種存在感，在接受關愛的同時也學會付出，學會在媽媽需要的時候，勇敢地做那把為媽媽撐起的小雨傘。然後隨時準備著某一天媽媽告訴她：「寶貝，下雨了，來接我吧！」

滴海藏箴

晚風中是誰在一路輕輕哼著

童年唱過那首熟悉的歌

牽著你的手一直走啊走

> 我就走到小時候
>
> 那時我被握著的小手
>
> 現在體會了媽媽的感受
>
> 沿著時光去倒流
>
> 和過去邂逅
>
> 看見自己純真的眼眸
>
> 當煩惱不放手許多快樂被沒收
>
> 什麼是想要的追求
>
> 當再多的擁有都填不滿缺口
>
> 才懂安心的笑容
>
> 平凡溫暖就足夠
>
> 晚霞中的紅蜻蜓
>
> 請你告訴我
>
> 童年時代遇到你
>
> 那是哪一天
>
> ——李琪

二 等我長大了

心語故事

有一天，海老師接到一位學生家長的電話。這位家長在電話裡向海老師求助，希望海老師能夠幫助自己勸勸兒子。這位家長的兒子就是海老師的學生小蕭。

小蕭是海老師在新生入學時選出來的臨時班長，所以他和海老師的關係很好，平時有疑問也喜歡找海老師解惑。

在蕭媽媽看來，小蕭一直是一個很乖的孩子。可自從上大學之後，她就認為兒子不怎麼聽她的話了。這次找海老師是因為在電話裡和兒子吵架，兒子掛斷電話並關機不理她，讓她很著急。

小蕭13歲那年父親因工遇難，從此小蕭便由母親一個人撫養長大。由於父親是因工遇難，所以他父親所在的單位對小蕭他們這對孤兒寡母很照顧。小蕭上學的學費一直是單位在提供。小蕭很體諒母親的艱辛，所以學習一直很努力，希望等自己長大後讓母親過上好日子。

這次在電話裡和母親吵架是由於暑期實習的事情。小蕭學的是工業設計，他很喜歡這個專業，也希望畢業之後能夠從事相關的工作。小蕭暑假找到了一份實習的工作，但是這份實習工作需要下學期繼續做，所以就有可能會耽擱學習。小蕭想利用這個機會獲得更多的實習經驗，但是母親擔心兒子在下學期耽擱課程，不能順利畢業，便堅決反對這件事。因為父親是因工遇難，單位考慮到他們家情況特殊，所以只要小蕭順利畢業了就可以直接進父親所在的單位。母親希望兒子有一個穩定的工作，也害怕兒子辜負父親所在單位的期望，所以凡是有可能會影響畢業的事情母親絕不妥協。但是這一次小蕭不像以前那般聽母親的話，堅持想在暑期實習，於是母子倆因為這件事情吵了起來。

蕭媽媽很傷心，她認為兒子不懂事，不能理解她的苦心。小蕭認為母親不理解他，他相信按照自己的想法可以給母親和自己帶來穩定的生活，而母親非得把她的想法強加給自己，他不接受。

於是，這個中間調停的問題交給了海老師。

原來如此

聽完蕭媽媽的講述之後，海老師和小蕭進行了交流。在透過和兩個當事人溝通之後，海老師找到了這次爭吵的源頭。單親家庭容易受到經濟、心理及社會關係的影響，所以他們在處理問題時常常要受到這些因素的制約。

從小蕭和蕭媽媽的這件事情上來看，兩個人站在自己的角度都沒有錯。長期以來受到父親廠裡的資助，小蕭對此充滿感恩之心。正是有這樣的感恩，

轉角遇到幸福：寫給單親爸媽
下篇 開啟未來

讓他覺得自己不應該在畢業之後再回去享受「照顧」。小蕭有自己的人生規劃，他想按照自己的想法，透過自己的努力來讓母親過上好日子。況且，他認為作為男人，總有一天他是要自己去挑起家庭的重擔的，但他一直生活在被保護中，不能真正地感知社會。小蕭的這些想法，從某種意義上講是一種懂事的表現。但是從母親的角度來看，小蕭一意孤行，不感恩父親單位的照顧，不懂母親的良苦用心，更讓她生氣的是小蕭竟然和她吵架。蕭媽媽希望自己的兒子以後有穩定的生活，也希望兒子給單位一個好的交代，這也完全是出於善意。但是從小蕭的角度來看，母親的這種做法完全沒有考慮過他真正喜歡或者需要什麼，他不希望父親單位的資助成為自己人生抉擇時的心理壓力。

同時，由於小蕭一直很懂事，很聽媽媽的話，所以他自己內心的很多想法都被壓制。隨著年齡的增長，這種自主意識越來越強的時候，他就會一反常態，執拗地堅持自己的想法。況且，他最終的目的也是希望自己能夠帶給母親更好的生活。

溝通祕笈

我們常說的「換位思考」，在心理學上叫做「觀點取替」。我們的直覺以及大量心理學理論都認為，觀點取替能解決很多人際關係中的問題。體會他人的經歷與感受能減少偏見，彌合意見分歧，甚至可以終止暴力衝突。人與人、團體與團體間的衝突往往是因為缺乏理解而產生。因此，雙方若抽空坐下來喝杯茶，就能增進了解，認識彼此間的共同之處，從而解決分歧和矛盾。

聽完海老師的分析，蕭媽媽認識到自己的想法過多地受到外界因素的干擾，沒有更多地從小蕭的角度考慮問題，無形中也給小蕭製造了壓力。在海老師的指導下，小蕭也意識到自己這次沒有把自己真正的想法告訴母親，導致和母親的爭吵，讓母親傷心了。

雙方都意識到了自己的問題，於是為了讓母子倆能夠真正了解並理解對方的想法，以便在之後的交流中能夠更加順暢，海老師讓小蕭和蕭媽媽換位思考，並且把換位思考後的想法以書信的形式交給對方。

換位思考是人對人的一種心理體驗過程。將心比心、設身處地是達成理解不可缺少的心理機制。客觀上要求我們將自己的內心世界，如情感體驗、思維方式等與對方聯繫起來，站在對方的立場上體驗和思考問題，從而與對方在情感上得到溝通，為增進理解奠定基礎。它既是一種理解，也是一種關愛。當小蕭和蕭媽媽都分別站在對方的角度思考的時候，會更容易考慮之前思考問題時所忽略的因素，會更容易互相寬容、理解，做到寬人嚴己。

人們總有這樣一個特點，即總是站在自己的角度去思考問題。其實，人與人之間的關係需要換位思考這味潤滑劑。假如我們能換一個角度，站在他人的立場上去思考問題，會得出怎樣的結果呢？最終的結果就是會多一些理解和寬容，改善和拉近人與人之間的關係。寬容這一美德的形成，也開始於換位思考。

可以更好

隨著年齡的增長，孩子的自主意識越來越強。因此在教育孩子做人做事的時候，需要家長用心交流，並站在對方的角度換位思考，才能更好地解決生活中遇到的問題。

楊澤今年15歲，他是一個生活在農村單親家庭的孩子。5歲那年媽媽因病去世，留下他和3歲的妹妹由爸爸照顧。為了能讓他們兄妹過上好日子，爸爸在媽媽去世後的半年便外出打工。於是，楊澤和妹妹便由爺爺奶奶照顧。

爸爸在外面賺錢，使家裡經濟條件得到改善，也蓋了新房買了電器。生活的改善令楊澤很高興，平常放學回家都很勤快地幫爺爺奶奶做家事，照顧和輔導妹妹的學習，並常逗一家人開心。他的樂觀感染了祖孫兩代，日子也過得開開心心。

為了讓兩兄妹接受更優質的教育，爸爸承諾過，等在城市混出個樣來了，就接兄妹倆去大城市上學。從此楊澤常在腦海中勾勒著在城市上學的美好生

活，也絲毫沒有懈怠學習。但是隨著時間的推移，爺爺奶奶的身體大不如前。當有一天爸爸說要接兄妹倆去大城市上學的時候，楊澤開始猶豫。他們兄妹走後爺爺奶奶將沒有人照顧，但是大城市的誘惑又讓他有些心動。

經過再三地衡量，他還是決定放棄去大城市接受優質教育的機會，繼續在家鄉讀書。為了不讓家人有心理負擔，楊澤笑著對爸爸說：「你幫我解決了在城市讀書的難題，或許我就沒有奮鬥目標了，我相信我能夠用實力證實自己。您放心，等我長大了，總有一天我將會以一個大學生的身分和你一起生活在嚮往已久的大城市。」一席話說得爸爸熱淚盈眶。暑假結束後，爸爸做出了暫時不去城市打工的決定，他要在兒子關鍵的三年，助孩子一臂之力。

滴海藏箴

如果你想做個大男孩，就得學著別人說抱歉時，不要心存怨恨，以免讓人家難過很久。

——勞勃·班頓

我總是在闖禍，但你從來沒有阻止過我，因為你不想阻止成長的快樂。兒子長大了，讓我像個男子漢一樣敢作敢當。

——盧恆宇

三 今天是你的生日

心語故事

一個星期五的下午，海老師已經準備下班回家了，在工作室門口出現一名中年男子攔住了她。該男子欲言又止的樣子讓海老師很好奇。經交流得知該名男子叫秦磊，以前聽過海老師的講座，這次是特意來諮詢的。秦磊和妻子有一個兒子，但在孩子 8 歲的時候，妻子由於交通事故去世了。他想過再婚，但沒有找到合適的對象，所以這些年就和孩子以及父母一起過。由於自己是大卡車司機，常年在外開車，因此孩子跟著爺爺奶奶生活。孩子現在已經十五歲，在上國中的他迷戀上了網路遊戲。剛開始只是看別人玩，但是時

間一長，孩子開始逃課玩遊戲或通宵玩遊戲，爺爺奶奶根本管不了。秦磊也和孩子好好談過，但沒有用。因為每次和孩子談的時候，秦磊都表現出一種強勢的態度，似乎父親的權威不容置疑。

最近一次和孩子吵架是出完差後回家，飯桌上孩子主動給父親盛飯，秦磊很高興，以為孩子開始懂事，知道體貼關心爸爸了。但吃飯的過程中孩子向父親要錢，秦磊懷疑他可能又要玩遊戲，所以就不給。孩子居然站起身來說：「老頭，我告訴你，今天如果你不給我錢，你就不是我爸。」秦磊一下子火氣也上來了，父子倆吵了起來。兒子衝出家門離家出走了。第三天秦磊才在一個很遠的網咖找到孩子。

這下秦磊開始重視孩子的教育問題。想想平時自己很少關注孩子生活中的細節，除了滿足孩子物質方面的需要，幾乎沒有注重他心理方面的變化。孩子對他也是一樣，除了要錢就從來沒有過任何關心。他開始意識到，孩子此刻的教育是一個大問題，如果不處理好，很可能毀了孩子一生。但他一個大男人，除了開車啥也不會，對教育孩子這個事情很頭疼。想起以前聽過海老師的一個講座，所以來到海老師這裡諮詢。

原來如此

孩子的成長如同一棵樹的生長。一棵成熟的樹包括根、幹、枝、葉、果，想要收穫碩果就需要根深、葉茂、枝繁、幹粗。而孩子的成長受到家長教育、家庭教育、學校教育、社會教育等的影響。家長教育就如同樹根，看不見，卻至關重要，整棵樹的成長都需要它給予養分。所以說父母的觀念和方法正確，是孩子成長成才的重要保證。與家長教育密切相關的家庭教育則是樹幹，學校教育和社會教育分別是枝葉。養分的輸送靠樹幹單向傳送，是不可逆的。同樣，家庭教育的過程也是單向的。每個孩子只有一個原生家庭，孩子成長的營養是透過家庭教育這個樹幹輸送到樹枝樹葉的，以保證樹枝樹葉的正常生長，所以家庭教育是孩子成長的可見基礎。

父母對孩子成長所起的重要作用，不僅包含對孩子的撫養，更重要的是父母對孩子性格的影響和心理品質的培養。

轉角遇到幸福：寫給單親爸媽
下篇 開啟未來

我們常說單親家庭教育是失衡的教育。父母親對孩子的影響是不同的，當孩子和單親生活時，會過多地受到與其生活的父（母）親的影響。一般來說，父親往往是力量、權威、智慧的化身，孩子的安全感、堅強、勇敢等方面來自父親的影響；母親往往是善良、溫柔的化身，孩子的關愛、體貼、細心、溫和等都潛移默化地來自母親的影響，兩者只適合互相補充而不能互相代替。

如果一個孩子長期只和父親生活在一起，他（她）在性格方面可能會更剛毅、果敢，也更容易衝動；如果長期只和母親生活在一起，他（她）的心思可能會更細膩，也更容易優柔。

在故事中，秦磊不重視家庭教育對孩子的影響，平時很少關心孩子的思想，偶爾的交流也是以一種權威去壓制。加之秦磊身邊也沒有一個女性扮演兒子母親的角色，孩子從內心難以感受到來自家長的關愛。從心理學角度講，父母的個性特點、處事原則、教育子女的方式，會直接影響子女的心理發展。在面對兒子的問題時，秦磊選擇用強勢壓倒孩子，久而久之，在兒子的心中更多的是關於權威以及力量的崇拜。正是這種錯誤的教育方式，使得兒子和父親之間出現矛盾時，兒子也會以一種粗暴的方式來處理。

溝通祕笈

一個人的心理發育是否成熟，能否良好地適應社會活動，是健康與否的重要標誌。孩子青少年時期是心理發展的關鍵時期。人的心理發展過程受遺傳因素、自身性格特質、教育狀況、生活環境及是否有嚴重的心理挫折等多方面的影響。但最關鍵的因素則是親子關係，即家長是否履行好「親情職責」。

針對秦磊的情況，海老師給了他十個字的建議：肩擔一份責，心駐兩份愛。

秦磊作為單親家長，之前由於常年跑外地，無暇顧及孩子的成長。可以說在其兒子的成長過程中，他只是一個充當父親角色但沒有真正履行過這個角色應該承擔的責任的人。現在發現了問題，他需要從這樣一個「不負責任」

的誤區中走出來，勇敢地承擔這一份家長職責。那麼他該如何擔好這份職責呢？

首先他要認識到自己在兒子的成長過程中是一個必不可少的角色。他作為家長對孩子的性格以及心理品質的培養都起著必不可少的作用。教育專家認為，作為單親家長首先要特別注意為孩子創造一種愉快的家庭氛圍，這就要求單親家長在孩子面前要學會克制自己的不良行為。「其身正，不令而行，其身不正，雖令不從。」所以在孩子的成長成才過程中，他必須注意言傳身教，切忌表現出不良習性。

我們知道父愛與母愛給孩子帶來的影響是有差別的。由於單親爸爸的剛性過強、柔性過弱，細心程度相對較低，因此當孩子進入青春期時，單親爸爸家庭中的正面衝突往往會更多。這個時候需要像秦磊一樣的單親父親在生活中扮演好父親和母親的雙重角色。作為男人，要扛起這兩份愛究竟該如何是好？

母愛如涓涓細流，溫柔浸潤；而父愛如疾風驟雨，來得更猛烈。剛柔並濟的兩份愛要處理得恰到好處，需要技巧。在和孩子的生活中，單親父親不僅需要處理好工作，還需要有更多的時間來陪伴孩子。在傳統的家庭裡，一般母親包攬家務。但是在單親父親與孩子相處的家庭裡，缺少了這樣一個角色，就需要父親扮演雙重角色。同時單親父親需要學會像母親一樣善解人意、體貼寬慰。在這樣的一種教育氛圍中，孩子才更容易懂得人與人之間需要互相理解、關心和體貼，享受愛的同時也付出愛。

當然，單親父親可以找一個能替代母愛的人來幫助孩子成長，如祖母、阿姨、朋友、老師或是家庭教師，讓孩子本能地把感情轉向一個友好而關心自己的替代者，滿足他們對母愛的需要。

可以更好

鄧濤今年四十歲，女兒十四歲了，妻子在兩年前去世。妻子離開後，鄧濤一度無法適應角色的轉換。他既要忙工作，又要忙家裡，生活十分艱難和勞累。

轉角遇到幸福：寫給單親爸媽
下篇 開啟未來

有人曾經勸鄧濤把孩子放在父母家裡幫忙照顧，他斷然拒絕。他知道家庭教育的重要性，對於女兒的教育，他一定要親力親為。

儘管鄧濤的工作很忙，但他總會抽出時間與女兒交流。父愛總是顯得深沉與無聲，女兒在書房做家庭作業，鄧濤就拿本書在客廳默默地坐著陪她。當女兒的作業做完的時候，鄧濤的書也看完了，但這種默契從不言說。有時候鄧濤因為工作忙，回來得晚，女兒就一個人默默地站在家門前等他，滿臉擔憂。一旦聽到有鄧濤回來的動靜就高興得手舞足蹈。女兒上國中了，在一所寄宿學校，一週回來一次。每次週末回到家，女兒都像一個小跟班一樣走在鄧濤後面，因為這個時候女兒積攢了一週的話一股腦地都想說給他聽。

都說女兒是媽媽的小棉襖，其實有時候，女兒也是爸爸的小背心。小棉襖暖身，小背心貼心。鄧濤從沒有對女兒說要如何體貼關心他人，作為一個男人，他的語言總是用行動表達。家裡的環境從來沒有亂過；需要縫補的東西，鄰居都誇他縫補得比女人還好；他炒的菜，女兒最愛吃。女兒的外婆來家看孩子，想著老人家年紀大，他都是將老人直接送到家；鄰居或者親戚需要幫忙，他從無二話。他的這些「語言」，女兒都看在眼裡，記在心裡。

四十歲生日那天，是鄧濤這些年來最感動的一天。女兒請假從學校趕回家，買了一個蛋糕等他回來，並且沒有告訴他。但是由於工作，鄧濤很晚才回去。當回到家那一刻，發現桌子上一個大大的蛋糕，上面放著一張卡片：爸爸，生日快樂！看到女兒那一刻，他抱著女兒高興地哭了。

每個單親家庭裡的孩子都是敏感而又需要愛的。這種愛是相互的，孩子需要家長的愛，家長也需要孩子的愛。這種愛是人世間最美好的東西，來自血液，也來自日常生活的潛移默化。

滴海藏筴

有個孩子在與他的父親到海邊遊玩時，一陣海風湧過，沙灘上留下了許多被海水帶上岸的小魚。看著這些活蹦亂跳的小魚在陽光下就要被曬死，孩子彎下腰把牠們一條一條撿起來，扔回大海裡。父親說：「孩子，這麼多魚，

你怎麼撿得完呢？」孩子雙手捧著一條小魚對父親說：「這麼多魚，我們可以不在乎，可是這條小魚在乎啊！」說完，把捧著的小魚放回了大海。

——楊彥

四 媽，這是我的好朋友

心語故事

海老師有時會到中學開展心理講座。有一次她的講座題目是《人生旅途，我們需要有人一路同行》。講座結束後有位女生送上來一個紙條：「我不需要朋友，我只需要成績，超越別人的成績。」憑多年經驗，海老師猜想這個孩子可能想聊一下，於是一直坐在教室外的凳子上。當所有學生離開之後，最後有一個女生走到她面前。女生清瘦，很漂亮，紙條是她寫的。

「海老師，您好！我叫小清。其實並不是每一個人都需要有同行的人。」

海老師知道，這個孩子之所以有這樣的想法，肯定背後有故事。在接下來的談話中海老師得知這個女孩生活在一個單親家庭，家庭條件不錯，只是父親常年在外地出差，很少關心她的情況。小清和爺爺奶奶住在一起，她自己的事情從來都是自己一個人去完成，從不麻煩爺爺奶奶。儘管一直以來小清的學習成績都很優秀，卻只當過一次班幹部。因為每次投票選舉，投給她的人都特別少。

「在學校你有好朋友嗎？」

「沒有。」

「放學後你和同學一起回家嗎？」

「我家不遠，都是一個人回家。」

「你覺得自己在同學們眼裡是怎樣的？」

「他們都不太喜歡我。」

「你會在學習和生活中幫助同學嗎？」

轉角遇到幸福：寫給單親爸媽
下篇 開啟未來

「不會。」

「為什麼呢？」

「如果給他們講題要花費很多時間，況且平時他們也幾乎不和我玩。」

「你喜歡自己現在的狀態嗎？」

「……」

海老師的問題讓小清沉默了。看著這個清瘦的女孩，海老師有點心疼。如何才能不挫傷她的自尊心？如何跟她交流才能讓她走出自我禁錮的世界？如何讓她學會與人分享？這些問題讓海老師陷入了沉思。

原來如此

小清的這種情況屬於過度的自我保護。自我保護是指個體維護心理平衡的一種自發行為，即透過壓抑、補償、掩飾和昇華的手段改變對心理緊張的主觀感受，掩飾不能接受的內在衝動，達到心理平衡。

由於家裡是單親，小清從來不把家裡的情況和她內心的想法告訴同學。她擔心說了會被同學看不起，或者因為她是單親家庭的孩子就覺得她不一樣，她不喜歡那種異樣的眼光。為了不讓自己受到外界言論的傷害，小清選擇與同學無交集。所以，小清一直獨來獨往，從不主動和同學分享任何事情。這種過度的自我保護，來自家庭的影響。

單親家庭的孩子由於家庭的變故容易產生自卑和自我封閉心理。在家裡得不到完整的親情，在學校可能又會受到別人的過多關注，讓他們覺得跟別人不一樣，進而產生強烈的自卑感。自卑心理使得他們在老師及同學面前不願意談及自己的情況。有的孩子因為自卑和自我封閉而長期抑鬱形成孤僻的性格，對身邊的人都極端冷漠，缺乏信任感。這些消極的性格會影響他們的同伴關係、人際交往，使得他們與別人交往的能力下降。長期下去，還會引起更嚴重的交往困難或者交往障礙。

故事中的主人翁小清由於處在缺少父愛母愛的家庭裡，從小學會了自己的事情自己去處理，培養了她堅韌的性格。同時，由於缺少正常家庭成員之

間的溝通，她的性格有些孤僻，使她不願意與人交流，也缺少了與人分享的態度。這種孤僻的性格使她對人對事變得極端。同時由於家庭的不完整，使得她又有一定的自卑感，不敢把自己的情況向身邊的人透露。自卑、孤傲成為她宣洩情感、保護自己的方式。與同齡人的相處就表現為「既然他們不理我，我也不理他們」。

這次講座之後，小清會選擇留下來和海老師交談，就表明其實在她內心深處也希望走出目前狹隘的圈子，希望生活有所改變。

溝通祕笈

在孩子出現這類情況時，無論是家長還是老師都需要幫助孩子處理好各種關係，使孩子健康、正常地成長。要幫助孩子處理好和朋友、同學之間的關係，就要鼓勵孩子交往。要讓孩子過正常的群體生活，就要學會對於別人的歧視性言語或者舉動，不刻意躲避，泰然處之；對於別人善意的關心，報以感恩的態度，用一種平和的態度來對待自己，對待別人。

針對小清的情況，海老師認為她之所以不願意與同學交流，原因是缺少了一種對自己身邊人的信任感，於是才將自己過度保護。為了讓她早日改變這種孤傲的性格，海老師認為應該調動家庭和學校兩方面力量一起行動。

海老師聯繫上了小清的父親，將小清的情況向其說明，聽完之後她父親很震驚。他一直認為小清成績很好，平時也不惹是生非，所以一切都很健康。在海老師的建議之下，小清父親開始和孩子有了更多的交流，平時也更加注意幫助小清充實生活。他開始抽時間陪小清聊天，一起娛樂，或者協助她解決學習上的一些難題。此外，在以後的外地出差中，只要不影響他工作和小清學習，他都帶上小清。閒暇之餘帶上小清一起遊玩，感受世界的美好。

同時，他鼓勵小清多交一些朋友，讓小清把朋友一起請到家中來玩，以彌補她親情的欠缺。

海老師時常抽出時間去學校看望小清，幫助她解決日常生活中遇到的困惑。同時班導師楊老師也在班上營造出一種積極的輿論氛圍，教育孩子們要學會尊重單親家庭孩子的隱私，不挖苦、不嘲笑、不議論。同時她建議小清

轉角遇到幸福：寫給單親爸媽
下篇 開啟未來

多去參加班級每週一次的團體遊戲活動。比如，培養人與人之間信任感的遊戲——地雷陣。

地雷陣遊戲規則是用繩子在空地圈出一定範圍，灑滿各式玩具（娃娃或者球等）障礙物。參加人員兩人一組，一人指揮，另一個人矇住眼睛，聽著同伴的指揮通過地雷陣。如果在通過的過程中踩到任何東西都要重新再來。指揮者只能在線外，不能在地雷陣內，也不能用手扶夥伴。

遊戲目的是在活動中建立並加強對夥伴的信任感。當然，不管是家庭方面的投入還是學校方面的幫助，都需要時間來印證，任何幫助都不能僅僅只是心血來潮。

可以更好

跨出了信任的第一步，小清也開始有了自己的朋友。她開始慢慢融入班群體之中。最讓海老師驚喜的是，小清說她上週去同學家裡參加了生日聚會。當聽到同學說「媽，這是我的好朋友小清」時，她第一次感受到原來有人同行的感覺如此美妙。

我們人生的旅程中總需要有人一路同行、一起交流、一同分享。因為學會分享是人生的大問題。

海老師有一次搭火車遇到一位單身母親艾印。由於兩人家庭結構類似，特別投緣，就互相聊起了自己的孩子。

在交流中，艾印說她因為工作原因常年在外地，少有和兒子交流。她兒子剛上國中的時候，很調皮，學校老師三天兩頭找她說話。兒子和同學打架，問其原因，說是和同學爭搶遊戲機。一來二去班裡的同學都不和他來往，孩子卻和社會上的混混走得很近。那段時間孩子也變得更加蠻橫，更加孤僻。母親也為此事著急，她覺得主要原因是自己忙於工作照顧孩子的時間太少。因為孩子最大的問題是不知道怎樣與人分享，不會表達自己的情感，這也就導致孩子在學校裡沒有朋友。因此，母親把孩子接到了身邊，每天都詢問孩子學校、同學的事，了解孩子身邊發生的事情，有時和朋友聚會也帶上他。

久而久之，孩子開始主動匯報在學校發生的趣事，分享生活和學習中的喜怒哀樂。

在和孩子的交流中，艾印以一種平等的方式讓孩子明白怎樣的朋友才是積極的朋友，才是真正的朋友，朋友之間應該怎樣交流。孩子生日時，他竟然主動邀請同學和他一起分享快樂。打好了基礎，一切也就走上了正軌。孩子沒有了剛上國中時的孤僻，活躍的一面展現出來了。

在母親的悉心教導下，孩子順利度過了逆反時期，也學會了去辨識、去分享、與朋友相處。也許有一天，這些朋友、這些真摯的感情將是孩子度過人生風雨的至寶。

滴海藏箴

伯牙善鼓琴，鍾子期善聽。伯牙鼓琴，志在登高山。鍾子期曰：「善哉！峨峨兮若泰山！」志在流水，鍾子期曰：「善哉！洋洋兮若江河！」伯牙所念，鍾子期必得之。

伯牙遊於泰山之陰，卒逢暴雨，止於岩下，心悲，乃援琴而鼓之。初為霖雨之操，更造崩山之音，曲每奏，鍾子期輒窮其趣。伯牙乃捨琴而嘆曰：「善哉！善哉！子之聽夫！志想像猶吾心也。吾於何逃聲哉？」

——列禦寇

五 今晚我住在青年旅社

心語故事

一個炎熱的下午，一位 45 歲左右的女士走進了海老師的諮詢室。這位女士穿著講究，想是家庭環境比較好。

與這位女士交談過程中海老師得知她是一位單身母親，有一個十七歲的兒子。她經營了一個公司，當工作走上正軌後她的主要精力都投到照顧孩子中。能看出來這位母親很愛孩子，母親一直都在誇讚兒子乖巧可愛，學習成績優異。從出生起，兒子的一切她都安排好了。離婚後，為了彌補傷害，更

轉角遇到幸福：寫給單親爸媽
下篇 開啟未來

是如此。每天上學，她都開豪車接送。兒子在生活和學習中遇到的問題，她都會替孩子處理好。

在她長期的呵護中，兒子習慣了她的陪伴，習慣了遇到事情第一時間找她處理，習慣了有她為他遮風擋雨。

這麼多年，她總是會陪伴兒子參加每一次課外競賽。唯獨有一次，她沒有去。也是這一次，讓她開始擔憂兒子以後的生活要怎麼辦？前幾天，兒子要去外省參加一個競賽培訓，她很早就準備好孩子的衣物。由於身體有些不舒服，和醫生約好了去醫院檢查身體，正好和孩子去參加競賽的時間衝突了。她想：兒子已經是高中生，這次出去比賽也有老師同學一起，自己不去也影響不大，而且醫生提醒過自己必須盡快檢查，於是便告訴了兒子自己的想法。沒想到兒子非要她開車送，因為已經跟同學和老師說好了，這次去外省由她接送，並希望她住在賓館裡照顧自己。但是她約好的醫生過幾天要出國進修，要半年後才回來。這些年她的身體健康都是這位醫生在看護。就在她還在猶豫究竟是去檢查身體還是陪同兒子參加競賽的時候，兒子已經開始大鬧，揚言不去參加比賽了。為了滿足自己的要求，兒子竟然把外婆也請來幫忙。

看到這個場景，想想自己的身體，這位女士感到很無奈。

原來如此

據心理學家統計，35% 的諾貝爾獎獲得者都出自單親家庭，54% 的美國總統和英國首相出自單親家庭。可見，單親家庭的孩子不僅有容易出問題的一面，更有容易成才的一面。

從辯證的角度來看，單親家庭既有消極的方面，也有積極的方面。如果抱有單親家庭的孩子就應該給予更多關注的想法，本來可以健康成長的孩子可能都變得不正常了。實際上，無論是單親的孩子，還是正常孩子，關鍵在於我們怎樣對待。

在單親家庭中，有很多家長與孩子相依為命，把孩子當作生活中唯一的希望，唯恐孩子會出事。對孩子的事情包辦代替，使孩子養成了衣來伸手、飯來張口的習慣，有些家長甚至還採取種種辦法限制孩子的活動，導致孩子

不能事事獨立，沒有機會去體驗一些生活中必不可少的「風險」。這樣的孩子容易缺乏獨立意識，慢慢地變得沒有主見，一旦離開家長，便不知如何面對生活中的困難和挫折了。我們常把這樣一種心理叫做依賴型人格。

依賴型人格是指缺乏獨立意識的人格，表現為依戀他人，敏感多思，控制情緒的能力較差，偏向感性，不太注意自己參與決策的能力，社會參與程度較低。

依賴型人格源於人類發展的早期。幼年時期，離開父母，兒童就不能生存，於是在孩子心中滿足他一切需要的父母是萬能的，他必須依賴他們。這時如果父母過分溺愛，鼓勵子女依賴父母，不讓他們有長大和獨立的機會，久而久之，在孩子的心目中就會逐漸產生對父母或權威的依賴心理，致使其成年以後依然不能自立。

隨著孩子年齡的增長，獨立自主的意識本該越來越強。但故事中的母親由於包辦了孩子成長過程中的一切，破壞了孩子正常生活的環境。在這種非正常環境中成長，使得孩子養成了一種依賴型人格，即沒有母親的陪伴他的生活就很難自理。

溝通祕笈

歐美國家的家長非常重視對孩子獨立性的培養。他們主張從小就培養孩子的獨立意識。孩子一出生就獨宿一室，很少與父母同住。孩子學走路時，跌倒了，自己爬起來。所以我們常說歐美的孩子比較早熟，這是因為他們從未想過要包辦孩子的一切。

「不包辦孩子的一切。」這也是海老師給這位女士的建議。

首先，孩子的活動讓他（她）自己安排。比如孩子與同學之間的活動，讓孩子自己去決定如何安排。只要孩子的安排不是嚴重的不妥當，那就給孩子這樣的自主權。不少家長認為孩子還小，不懂得安排自己的活動。但是如果完全包辦了孩子的事，孩子只是去執行，那麼孩子的獨立性就永遠培養不出來。

轉角遇到幸福：寫給單親爸媽
下篇 開啟未來

其次，讓孩子自己解決困難，培養孩子克服困難的精神。單親家庭的父母沒必要有前怕狼後怕虎的擔憂，適時讓孩子學著解決問題，有助於孩子獨立思考。

再次，尊重孩子的自主選擇，培養孩子自己拿主意、做決定的能力。這對於年齡稍大的孩子來講尤為重要。如果孩子獨立自主的權利得不到滿足，很可能會產生逆反心理，走向極端。

最後，注意對孩子說話的口氣和方式，認真聽孩子講話，使孩子感到你在尊重他。尊重孩子會讓他（她）意識到自己是一個獨立的生命體。得到父母充分的尊重的孩子，大多與父母關係融洽，待人友善，懂禮貌且舉止大方，獨立意識強。

我們常說「窮人的孩子早當家」，其實還有一個現象是「單親的孩子早成熟」。單親家庭出身的孩子，如果積極鍛鍊培養其獨立堅韌的個性品質，他（她）可以有辦法面對和解決生活中所遇到的困難。

可以更好

人總是要成為獨立的個體，每個人都要經歷生活的蛻變。海老師認識一位年輕的旅行嚮導小智。他的父母很早就離婚了，自己跟著父親生活。父親是個企業老闆，為了不讓兒子感覺母愛缺失，他平時除了忙於工作，還要無微不至地照顧孩子的生活和學習。但父親清楚地認識到孩子是要長大的，會有自己的意識和生活，所以在家中也讓小智做些力所能及的事。當小智有自己的想法時，他會放下手中的事，認真地傾聽小智訴說，聽完後再發表自己的看法。

小智說之所以自己現在會是一名旅行嚮導，是因為從小父親就培養他獨立自主的能力，讓他有機會去自己解決遇到的問題。高三畢業那年，小智和班上幾個同學約好，一起騎行川藏線。儘管這在父親看來是一件充滿了危險的事情，但是小智父親並沒有阻止他，而是積極地幫他做好準備。這次騎行，小智經歷了塌方，也看到了同伴受傷。他第一次和同伴住在青年旅社，第一次和各地的人們相聚在一個房間，每個人僅有一個床位。這次旅行他第一次

完全獨立地照顧自己，解決旅行中的各種問題，也是這次旅行讓他喜歡上了這種自由、獨立的生活方式。

大學畢業後，小智父親為他安排了企業裡的鍛鍊機會，並規劃了他的未來。但是他不想待在父親安排的公司，根據自己的愛好和特長，他選擇了從事旅行嚮導的工作。這份工作讓他體會到了快樂，他經常說很感謝父親讓他在很小的時候就開始學習獨立，開始為自己的行為和決定負責。

滴海藏箴

一陣風吹來，一片葉子脫離了樹枝，飛向了天空。

「我會飛了，我會飛了。」葉子邊飛邊喊，「我要飛上天了！」

葉子飛呀飛，飛過了一棵棵樹，飛過了一隻隻棲息在電線上的鳥。

「哈哈，我飛得比你們高。」葉子得意揚揚地對鳥兒說。

又一陣風吹過，葉子在天空中盤了幾個旋，被吹落到了一個小水坑裡，隨即被路過的一頭牛踩進了淤泥裡，不見了蹤影。

一隻鳥感嘆地對牠的孩子說：「看到了吧，如果不依靠自己的力量，風既可以把你吹上天，也可以把你吹進爛泥潭，要飛翔，必須靠自己的力量。」

——鄒海鵬

轉角遇到幸福：寫給單親爸媽
尾聲

尾聲

祝父愛如偉岸的高山，

願母愛似婉轉的河流。

——致單親爸媽的信

總有結束的時候。說了太多傷感的故事，也講了許多的道理，看到種種改變的可能性。親愛的單親爸媽，一起來聽聽那些已經走過單親歲月漸漸長大的孩子想要給你們說的心裡話吧。

爸爸：

小時對你不曾有過太多的記憶，即便是有也只是你偶爾回來看望的時候。你每次都會帶來一些玩具，我便興沖沖地跑下樓，不知道是為了新玩具還是為了你。

你再一次出現在我的生活中時又是幾個春秋過去了。這時你帶來的不再是新玩具，而是一個新的家庭。很幸運你為我帶來很多歡樂，當然也平添了不少憂愁。兩個家庭的重組，差異化的生活讓我很難短時間接受這樣的改變。經歷了一兩次強有力的心靈衝擊，好不容易適應穩定了下來，你卻選擇了退出這個新家。

很奇怪，對於這一切我一直都一無所知。你從不向我談起家庭的事，隻字不提，似乎這些事我總是最後一個知道的，毫無選擇權，只能被迫接受。想想看，這個消息甚至都不是你親口告訴我的。我不知道任何原因，不知道任何前兆，甚至都沒法和繼母見到最後一面。

現在又是一個新家，我能說我不高興這樣下去嗎？我能說這不是我想要的嗎？我能問你考慮過我的感受嗎？我能問這個新家又能維持多久嗎？我不能。因為你現在對我每一次莫名的發怒，都將我推向一個溫順而無法抵抗的

轉角遇到幸福：寫給單親爸媽
尾聲

死角，每一次我忍不住流淚想和你談談我們的家，你總會轉而對我的未來不住詢問。

爸爸，我們錯過了太多，在未來的日子裡，我渴望進入你的生活。

兒子

媽媽：

父母離異對任何孩子來說都是一件不幸的事。而且我們相處的過程並不容易。就像你說的，你剛學會了和長到小孩子年紀的我打交道時，轉眼間我就長成了叛逆的少女。在你費勁苦心跟叛逆期的我鬥智鬥勇，好不容易阻止了我偏離正道時，我又到離家幾千公里外的大學讀書了。也許不久之後，我會飛得更遠，會有自己的家庭。

也許在外人看來，我們的生活很艱辛。家裡沒有爸爸的日子簡直會過不下去，但我真的就這樣開開心心地長大了。也許在成長過程中是有缺憾，也許有爸爸參與其中的生活是會更好，但我真的覺得，發生的事就已經過去，我們能做的就是把現在的生活過得更好。

一路上有你牽著我的手走過，你就是我的頂梁柱。這麼多年，我們一起哭過、笑過，卻從沒心灰意冷過。我們也經歷過各種各樣的吵架、冷戰、痛哭，但我知道你是我最親愛的媽媽，我是你最親愛的女兒，無論爭吵多激烈，我們都是彼此生命中不可缺少的一部分。

這麼多年，是你一個人撐起了這個家，讓我在一個無憂無慮的環境裡長大。我不知道你為我營造這樣一個美好的氛圍付出了多大的努力，付出了多大的代價。但我想告訴你，女兒長大了，她很健康、很快樂。每一天，她都為有你這樣一個母親而感恩。

也許我成長過程中缺少了父親的痕跡，卻也多姿多彩，有聲有色。也許女兒的羽翼還未豐滿，但終有一天，她會展翅高飛。

謝謝你，媽媽，謝謝你陪我長大。

女兒

　　單親家庭的孩子，帶著愛的缺憾，帶著傷痕，但是他們也一樣長大成人。作為單親父母的我們，竭盡全力，成為他們的高山，為他們抵擋風雨；做他們的河流，帶他們到大海的出口。用我們的一生告訴他們，我們曾經錯過，但我們正在成長。有他們陪伴，是我們今生最大的幸福。

轉角遇到幸福：寫給單親爸媽
後記

後記

當打開網路,輸入「單親家庭」,你能得到這樣的解釋:「單親家庭一般人直覺認為是離異家庭。但隨著家庭、社會結構的多元,家庭可能因為各種因素而造成單親,如離婚、配偶死亡、配偶工作居住兩地、甚至未婚先孕等。由於單親家庭的成因不同,及個人本身所擁有的內外在的資源不同,面對單親的感受及調適也就有所不同。」

雖然新生代父母的受教育水平和相關的心理學常識和養育子女的能力在不斷提高,但面臨家庭分裂的痛苦、自身情感的缺失、教養子女經濟負擔和心理壓力的劇增,大多數單親父母依然感到心力交瘁、束手無策。

因此,才有了這本小書。它以當事人的視角,用簡單易懂的語句,從家長們身邊的例子,講述關於單親教養的話題。本書以告別昨天、珍惜現在和開啟未來三個篇章,強調在不幸發生的時候,單親家長如何在積極進行自我心理調適的基礎上,對捲入其中的子女進行良好的心理溝通和積極的心理指導。希望能透過在家家長和離家家長的共同努力,為缺失的親子教育重新注入合力,幫助自己和孩子,醫治傷痛、接納現實、開創新的未來。

本書由長期從事心理健康教育工作的教師、有過單親家庭經歷的研究生、大學生共同編寫。

本書由鄧杉、周茜任主編,負責全書的框架結構設計,指導具體寫作,進行審稿、統稿、定稿;謝曉銳、張惠萍、蔣鄭紅、劉燕群任副主編。本書共八章,各章的編寫者如下:第一章和第二章由張惠萍、鄧杉完成;第三章由謝曉銳完成;第四章、第五章和第六章由周茜、蔣鄭紅、劉燕群完成;第七章由黃毅、謝曉銳完成;第八章由周梅、謝曉銳完成;前言代序由鄧杉完成;尾聲由譚雯文、鄧牧童完成。葉磊參與。

在寫作過程中,我們參閱或引用了有關專家學者的專著、教材、論文和網站的一些觀點和材料,在此謹向這些文獻資料的作者表示衷心的感謝;出

轉角遇到幸福：寫給單親爸媽
後記

版社鄭持軍、杜珍輝對本書的策劃、修改、優化提出了寶貴的意見和建議，在此一併表示感謝！

　　由於水平有限、時間倉促，書中難免有一些不足之處，敬請各位專家和學習者批評指正，以期再做修訂。

編者

第八章 經歷風雨幸福綻放

國家圖書館出版品預行編目（CIP）資料

轉角遇到幸福：寫給單親爸媽 / 鄧衫, 周茜 主編 .-- 第一版 .
-- 臺北市：崧燁文化, 2019.06
　　面；　公分
POD 版

ISBN 978-957-681-851-6(平裝)

1. 親職教育

528.2　　　　　　　　　　　　　　　　　108009058

書　　名：轉角遇到幸福：寫給單親爸媽
作　　者：鄧衫, 周茜 主編
發 行 人：黃振庭
出 版 者：崧燁文化事業有限公司
發 行 者：崧燁文化事業有限公司
E - m a i l：sonbookservice@gmail.com
粉 絲 頁：　　　　　　網　址：
地　　址：台北市中正區重慶南路一段六十一號八樓 815 室
8F.-815, No.61, Sec. 1, Chongqing S. Rd., Zhongzheng
Dist., Taipei City 100, Taiwan (R.O.C.)
電　　話：(02)2370-3310　傳　真：(02) 2370-3210
總 經 銷：紅螞蟻圖書有限公司
地　　址：台北市內湖區舊宗路二段 121 巷 19 號
電　　話:02-2795-3656 傳真:02-2795-4100　　網址：
印　　刷：京峯彩色印刷有限公司（京峰數位）

　　本書版權為西南師範大學出版社所有授權崧博出版事業股份有限公司獨家發行
　　電子書及繁體書繁體字版。若有其他相關權利及授權需求請與本公司聯繫。

定　　價：250 元
發行日期：2019 年 06 月第一版
◎ 本書以 POD 印製發行